# 台灣路名談名人

Xavier
Vicky
老溫
合著

Family Sky 天空數位圖書出版

# 目錄 Xavier

# 目錄

Xavier

# 目錄 Vicky

# 目錄 Vicky

# 目錄

## 老溫

銘傳路─劉銘傳
文：Xavier
P

聚焦十九世紀末臺灣歷史，不得不提到劉銘傳這個人，臺灣的銘傳路和銘傳大學皆是為了紀念劉銘傳。

劉銘傳字省三，西元一八三六年出生於安徽合肥，劉銘傳早期是淮軍將領出身，在清廷和太平天國的戰爭中多有表現，因功升任直隸總督，並參與捻亂的平定。

西元一八八四年因中法越南戰爭臺灣情勢告急，清廷下詔劉銘傳以「巡撫銜督辦臺灣事務前直隸提督」赴臺，劉銘傳略施小技，甩開法國人監視和封鎖成功抵達基隆。

抵臺不久中法即於臺灣北部爆發戰爭，戰前劉銘傳增建炮臺積極調度佈防，清軍一度擊退法軍。這場戰爭更加讓清廷意識到臺灣的重要性，臺灣建省之議再起，不過劉銘傳起初從撫番、財賦等考量顧慮重重，另方面擔憂臺灣單獨建省反而會失去福建的奧援，建請清廷暫緩。

不過清廷還是下定決心建省，西元一八八五年劉銘傳正式擔任福建臺灣巡撫，首要工作即是鞏固海防，劉銘傳命人至國外購買火炮，並在基隆、滬尾、臺南和澎湖等地增建十多座新式砲臺，一定程度強化臺灣跟澎湖的海防。劉銘傳還設置軍械機器局，籌辦軍火業務。

「撫番」是過去在臺統治者棘手的問題，早在西元一八七四年日本就曾以「牡丹社事件」大做文章出兵，展現對臺野心讓大意的清廷吃了悶虧。劉銘傳念茲在茲將撫番視為重點工作，廣設撫墾局，撫番撫勦並舉軟硬兼施，任內「生番」(原先沒歸化的番民)陸續歸化，但征伐也對番民造成傷害。

在臺灣的各項政策都需要相當多資金，劉銘傳決定全面清查田賦，即使過程中阻力重重，在劉銘傳的堅持之下還是獲得巨大的成效，光田賦的收入就比之前多了四十九萬兩白銀，達到六十七萬四千兩白銀，成長超過四倍，臺灣每年的財政收入也從劉銘傳到任初期的九十餘萬兩增至三百萬兩。

興建鐵路是劉銘傳臺灣巡撫任內的重大建設，劉銘傳眼光長遠認為修築鐵路對臺灣的海防、建省以及開發十分有利，不顧保守派反對意見，最終獲得清廷同意辦理。原先規劃鐵路從基隆、臺北、臺中延伸至臺南，在劉銘傳離臺前已經完成基隆至臺北段鐵路。

中法戰爭劉銘傳深感臺灣通訊傳遞之困難，甚至貽誤軍情，西元一八八六年在清廷授意下於臺北成立電報局，與外商合作鋪設水陸電報線，之後完成串聯臺灣南北的陸上電線，以及滬尾通往福州和臺南通往澎湖兩條海底電線，臺灣對內對外通訊大幅改善。

和電報通訊攸關的郵政系統是劉銘傳另一項重大變革，劉銘傳成立臺灣郵政總局，獨立發行郵票，舊有的驛站改造為新式的郵政機構，並設置郵船定期往返臺灣、大陸傳遞郵件，為臺灣郵政現代化開端。

劉銘傳政策雖非皆盡善盡美，但他的確滿腔抱負積極建設臺灣，卻因採煤礦爭議和身體不適去職，於西元一八九一年黯然離開臺灣。接任的巡撫邵友濂沒有劉銘傳的雄心壯志，加上財政困難，劉銘傳時期許多建設和變革紛紛中止。

西元一八九五年清廷和日本簽訂《馬關條約》割讓臺灣，臥病在床的劉銘傳聞訊悲痛吐血，隔年即抱著遺憾離世。

麥克阿瑟公路
—麥克阿瑟
文：Xavier
P

民國五十三年臺北和基隆間的麥克阿瑟公路（簡稱麥帥公路）完工通車，以紀念美國名將麥克阿瑟（Douglas MacArthur），後來麥克阿瑟公路大部劃入中山高，現在臺北仍存有以麥克阿瑟名稱命名的麥帥一橋和麥帥二橋。

麥克阿瑟出身於美國阿肯色州，他的父親也是一名軍人，曾擔任菲律賓軍事總督。西元一八九九年麥克阿瑟進入西點軍校，四年後以第一名的成績從西點軍校畢業被授予少尉軍階，分派至他父親也待過的菲律賓任職。

西元一九一七年隨著美國參與第一次世界大戰，麥克阿瑟擔任第四十二師參謀長前往法國，麥克阿瑟身先士卒，頻頻帶領部下立功，多次獲得勳章，一九一八年升任准將。

隔年麥克阿瑟回國擔任母校西點軍校校長，是當時西點軍校歷來最年輕的校長，任內在西點軍校做了不少變革。一九三〇年麥克阿瑟又成了美國史上最年輕的陸軍參謀長。陸軍參謀長卸任後，麥克阿瑟獲得菲律賓陸軍元帥軍銜，成為「麥帥」。

二戰期間麥克阿瑟擔任西南太平洋戰區最高司令，起初美軍在菲律賓的兵力不強，菲律賓遭到日軍攻陷，危急時刻羅斯福總統命令麥克阿瑟前往澳洲，麥克阿瑟抵達澳洲時不甘心的說：「我千里迢迢來到澳洲，可我還會再回去。」麥克阿瑟說到做到，一九四四年麥克阿瑟指揮美軍再次攻佔菲律賓雪恥，那句話也成為麥帥的名言。

麥克阿瑟「跳島戰術」運用成功，在美軍攻勢下日軍於太平洋戰場節節敗退，日本在一九四五年正式投降，麥克阿瑟被命為駐日盟軍總司令，處理接管日本事宜。

西元一九五〇年韓戰爆發，麥克阿瑟接任聯合國軍總司令，在他的主導之下聯軍發動仁川登陸戰扭轉戰局，聯軍越過三十八度線收復平壤並衝向鴨綠江，情勢一度對聯軍相當有利，但中共突然參戰後聯軍即遭擊退，退守三十八度線以南。

值得一提的是韓戰初期麥克阿瑟曾親自來臺灣見蔣介石，他對同樣堅決反共的蔣介石印象相當好，後續提出國民政府派兵參戰的要求，蔣介石一度準備派第五十二軍前往朝鮮半島，只是華府衡量過後此議遭到否決。

由於麥克阿瑟主張擴大韓戰規模，甚至將戰火延燒到中國境內，和當時美國政府的韓戰政策大相逕庭，這讓杜魯門總統相當惱火，最後麥克阿瑟遭到杜魯門解除職務。

回到美國後麥克阿瑟獲得群眾英雄式的歡迎，在國會的演講中麥克阿瑟斷言中國的崛起和擴張，並感性的說到：「老兵不死，只是凋零。」這話至今仍讓世人津津樂道。

軍事上麥克阿瑟獲得巨大的成就，政治上就不是他的強項，麥克阿瑟曾有意參選美國總統在初選都沒能出線，這大概是麥帥生平的一大缺憾。

西元一九六四年四月五日麥克阿瑟在華盛頓因病過世，這年臺灣的麥克阿瑟公路正式通車，麥克阿瑟離開了，但他的事蹟卻沒讓太平洋另一頭的臺灣遺忘。

雨農路—戴笠
文：Xavier
P

蔣介石曾說：「若雨農不死，不致失大陸。」是誰有這樣的本領讓蔣介石發出如此感慨？他是軍統特務頭子戴笠，字雨農，臺灣的雨農路、雨農國小即是以他的字來命名。

戴笠出身浙江巨族，戴氏家族家境曾經非常好，不過後來家道中落，戴笠便離開故鄉流浪，經人介紹考進黃埔軍校第六期。

起初戴笠並不是做情報工作的，踏入軍旅的時間晚，也不是蔣介石身邊的人，而是編列在騎兵營，後來在密查組跟隨胡靖安，開始接觸情報工作，才逐漸成為蔣介石身旁倚重的核心人物，西安事變中戴笠也曾飛往西安見陷於險境的蔣介石。

和戴笠密不可分的軍統，全名是軍事委員會調查統計局，因為戴笠資歷太淺的關係，蔣介石為了便於讓戴笠領導，起初讓賀耀組擔任局長，戴笠為副局長，不過實際負責人仍是戴笠，賀耀組較像是掛個虛名。

內部組織結構軍統局下轄六處三室，外部設有區、站和組等，在海外包括東南亞和歐美國家在內也有不少軍統的情報站。曾有估計軍統局全盛時期內外職人員共有五萬人以上，跟軍統相關的武裝有二十萬人，策反控制的偽軍則有八十萬人，戴笠掌握的這支力量十分驚人。

情報蒐集軍統局確實有其能耐，如珍珠港事變，事前軍統就掌握到相關情報通知美方，只是當時沒被接受。事後美方參閱中方情資，日軍出動的兵力、兵種和時間一一應驗。

自此軍統的情報開始獲得美方重視，也促成了往後雙方「中美特種技術合作所」的合作，擔任中美所主任的正是戴笠，為中美關係和抗戰做出了貢獻，戴笠本人也攀上生涯另個高峰。

蔣介石為什麼對戴笠的能力有這麼高的評價？正是因為戴笠反共立場堅定和他的軍統力量強大，也因此戴笠在兩岸有截然不同的形象。

戴笠最初的情報工作就是從偵查檢舉共產黨員開始，抗戰時期亦不斷強調中共的威脅性，戴笠曾說：「敵人(日本)如撤退，奸匪勢必著著進逼。」戰後在軍統的會議戴笠又談到：「我們將來的敵人要比日本更難對付，你們切不可掉以輕心。」之後局勢發展確實如戴笠預期。

抗戰結束國共競相爭奪地盤，除了軍統人員外，戴笠掌控的忠義救國軍和反正的偽軍就扮演關鍵角色，幫助國民政府在大陸東南沿海城市接收上搶占先機，為戰後國共之爭取得優勢。

長久以來軍統雖無法打進中共的核心，不過歷年來軍統破獲相當多共產黨組織和共諜，涉案層級之高甚至到達中將，對中共來說戴笠培養出來的軍統始終是個威脅。這就是為什麼周恩來說：「戴笠之死，共產黨的革命，可以提前十年成功！」

平心而論，當時國民政府在大陸的頹勢，有其複雜的原因加總而成，絕不是一個戴雨農可以挽救。但戴笠和軍統的存在會造成中共更大的壓力，應是肯定的。

然而，一九四六年三月戴笠飛機事故來得突然，如同戴笠生平充滿神祕色彩，他的逝世也是疑點重重，甚至指向是被謀殺。戴笠死後軍統局盛況不再，不久改名保密局，編制大幅縮編走入歷史。

克強路—黃興
文：Xavier
P

克強路是為了紀念誰？很多人一時摸不著頭緒，但如果提到黃興這個名字，也許就比較多人有印象了，這條路正是為了紀念清末民初的政治人物黃軫，為躲避清廷追緝改名為興，字克強。

黃興是湖南省善化縣人，從小接受中國傳統教育，早年科舉縣考曾名落孫山過，二十二歲時考中秀才，年輕時黃興對武術相當有興趣，為他往後的人生埋下伏筆。

西元一九〇二年黃興赴日本留學，因為沙俄侵略中國東北領土，黃興相當氣憤，加入「拒俄義勇隊」。回國後黃興結交了宋教仁等有志之士，後來因為革命相關言論被驅逐出湖南。

一九〇四年華興會在長沙成立，由黃興擔任會長，華興會以「驅除韃虜，復興中華。」為宗旨，表達推翻滿清的革命訴求。

慈禧太后七十歲大壽那天黃興原本策畫長沙起義，不料有叛徒告密事跡敗露，事後黃興只好流亡到日本繼續從事革命活動。一九〇五年七月黃興和孫中山在東京見面，八月革命團體同盟會正式成立，黃興支持孫中山擔任總理，世人將孫、黃兩人並稱為「孫黃」。

一九〇七年開始黃興陸續籌畫或參加鎮南關起義、河口起義和黃花崗起義等，其中一九一一年的黃花崗起義特別受人矚目和慘烈，犧牲確認身分的革命烈士就有七十二人，即為後世俗稱的「黃花崗七十二烈士」。

此役黃興自己也在戰鬥過程中斷了兩根手指，同是革命黨的女人徐宗漢掩護黃興就醫，黃興出院後兩人結為夫妻。

中華民國於一九一二年建立，國父孫中山任命黃興擔任陸軍總長兼參謀總長，隔年主張民主政治的宋教仁遭到刺殺，外界將矛頭指向野心勃勃的袁世凱，黃興和孫中山十分憤慨發動「二次革命」討袁，失敗後黃興再次流亡日本。

討袁失敗後，孫中山成立中華革命黨，黃興因意見不合沒有加入，也沒有另外組黨而是轉往美國籌措軍餉，並通電反對袁世凱承認「二十一條」和復辟稱帝。

民國成立之初袁世凱曾想拉攏黃興，派人送上陸軍上將特任狀、授勛令跟勳章，並送黃興幾件禮物跟兩匹好馬，用意相當明顯。但除了馬之外，其它東西都被黃興退回去了。面對袁世凱的示好，黃興對旁人說：「這是袁世凱的攏絡手段，可是我不會上當的。」

旁人好奇為什麼單獨留下馬，黃興表示：「因為將來還要為我打仗的。」黃興或許心裡有預感袁世凱不會真心支持民主，將來若開戰這些馬還派得上用場，內心想的不是自身榮辱，而是不忘革命事業。

西元一九一六年十月三十一日黃興在上海病逝，過世時相當年輕只有四十二歲，令人傷感。孫中山親自為昔日政治夥伴黃興治喪，以國葬規格將黃興葬於長沙，會葬者達十萬人，場面隆重盛大可見各界重視之高。

辛亥革命外界多聚焦孫中山，其實黃興也出了很多力，兩人雖意見有過分歧，但革命的理念始終是一致的，黃興多能以大局為重，避免因私人影響到革命。

孫中山善於組織、籌畫和宣傳，相較下黃興則更常在前線衝鋒陷陣，對革命同樣做出巨大的貢獻，無奈走得早，歷史實應給黃興更公允的評價和重視。

臥龍街——諸葛亮
文：Xavier
P

「三顧頻煩天下計，兩朝開濟老臣心。出師未捷身先死，長使英雄淚滿襟。」杜甫這首《蜀相》道盡諸葛亮傳奇的一生，至今讀到仍讓人感慨萬分，這樣大名垂宇宙的人物，臺灣當然少不了紀念諸葛臥龍的臥龍街。

華人世界無人不知的諸葛亮，字孔明，人稱「臥龍」，徐州琅琊郡人。如他自己在出師表所言，諸葛亮原本是躬耕於南陽的布衣，因為劉備三顧茅廬而出山，成為劉備的軍師。

在隆中對諸葛亮向劉備提出據有荊州和益州，對外結交好孫權，伺機而動北伐中原，問鼎天下復興漢室的戰略，往後劉備集團的發展也是以此戰略而努力。

著名的赤壁之戰諸葛亮力促劉備和孫權結盟，最後孫、劉聯軍大敗曹軍，為往後三分天下奠定基礎。赤壁之戰後，劉備佔有荊州大部領土，並向西進取益州，初步實現諸葛亮隆中對佔領荊、益兩州的目標，後續又攻下漢中。

無奈劉備勢力迅速膨脹，讓孫權倍感威脅，為奪回荊州，孫權和曹操聯手擒殺了關羽，荊州丟了，隆中對的目標又被打破。西元二二一年劉備在諸葛亮勸說下稱帝，國號仍訂為漢，史稱「蜀漢」便於區別。

劉備稱帝後第一件大事就是率兵攻打東吳，諸葛亮當時態度究竟為何仍是個謎團。蜀吳戰爭初期蜀軍節節勝利，但夷陵之戰被陸遜火攻打得大敗，劉備退守白帝城，逝世前將太子劉禪託孤給諸葛亮，還告訴諸葛亮：「若是嗣子可輔，則輔之；如其不才，可取而代之。」這話引發後世極大的爭論。

諸葛亮一聽當即跪下流淚說：「臣敢竭股肱之力，效忠貞之節，繼之以死。」表達將全力輔佐劉禪以保全名節之意，劉備當下請內侍扶起諸葛亮，並叮嚀劉禪以後要將諸葛亮當作父親對待。

劉禪繼位後相當敬重丞相諸葛亮，諸葛亮承攬蜀漢軍政大權，首先專注內政休生養息，並遣使東吳修復雙方關係。西元二二五年諸葛亮親自率軍征伐南中，用了將近半年時間平定南中叛亂，穩定蜀漢後方為北伐做好準備。

西元二二八年諸葛亮正式率領大軍北伐，北伐前向劉禪上了一道令人動容的出師表。首次北伐蜀軍原本大有可為，但街亭之戰諸葛亮錯用馬謖戰敗，形勢轉趨對蜀軍不利，諸葛亮只好撤軍。

之後諸葛亮又有四次大規模的北伐，最後一次北伐還連絡孫權在東線配合同時大舉，但司馬懿深知野戰中要擊敗蜀軍誠屬不易，採取堅守不出兵的策略，蜀軍苦於無法和曹軍主力決戰，諸葛亮自己也積勞成疾病死在五丈原，蜀軍再次撤退。

從諸葛亮五次北伐來看，並沒有獲得決定性的戰果，達成興復漢室，還於舊都的目標。但蜀漢以小博大，蜀軍在諸葛亮帶領下自信勇敢不畏懼，於北伐過程展現讓魏軍敬畏的戰力，仍令人折服。歷史上能做到如此者，諸葛亮絕對是典範。

「鞠躬盡瘁，死而後已。」用這話來形容諸葛亮的一生，無疑是相當貼切的。諸葛亮不是完人，也有失誤的時候，但為了完成他的志願，奮戰至最後一刻付出了生命，即使能力強大卻始終對蜀漢忠誠，這也是為什麼後世對他有這麼高評價和感念的原因。

林森北路——林森
文：Xavier
P

臺北林森北路越夜越美麗，儼然成為臺北夜生活的代名詞。不過繁華的背後，鮮少有人知道林森北路是為了要紀念林森，這位曾在民初政治扮演重要角色的人物。

林森本名長仁，字子超，西元一八六八年出生於福建省鳳港村，年輕時在美國教會創辦的培元學堂和英華書院就讀，接受美式教育廣開民主視野，並奠定他的英語能力，這對他往後的人生產生巨大影響。

一八九〇年林森在福州考取劉銘傳創辦的臺灣電報學堂，於是來到臺灣受訓並在臺北電報局工作，時間長達四年，這是他和臺灣淵源的開始。

在臺期間林森遭遇甲午戰爭後清廷割讓臺灣，目睹臺人激烈反抗，林森亦相當悲憤，和友人籌組義軍操練後來病倒。日軍接收臺北城後，林森才返回福州，一八九七年林森再度來臺秘密籌畫抗日活動。

十九世紀末中國的反清革命運動逐漸萌芽，林森在臺灣的時候就開始參加革命。一八九八年為躲避清廷林森第四度來臺，在嘉義擔任法院通譯以掩飾身分和維持生計，傳譯上對臺人多有保護。

爾後應總理孫中山的邀請，林森離開臺灣返回福州繼續從事革命運動，一九一一年武昌起義成功，九江在林森策動領導下宣布起義脫離清廷掌控，並在林森登艦勸說之下爭取到海軍反正，對革命做出了貢獻。

民國後林森當過參議院院長、立法院院長等要職，並擔任國民政府主席長達十二年，為名義上的虛位元首。最初民國創立的定都之爭和臨時約法制訂，林森也是大力協助國父孫中山先生。

當初蔣介石被迫下野，林森亦曾表態反蔣，多少讓兩人心中有芥蒂。不過林森政治生涯後期和蔣介石表面相處上大致平和，兩人都有給對方一定尊重，倒也沒出什麼大事。

一九四三年八月一日林森因為腦溢血在重慶逝世，享壽七十六歲，蔣介石聞訊於隔日來到靈床邊向林森遺體三鞠躬致意，之後國民政府為他進行國葬，美國政要也致電表示哀悼。

綜觀林森一生更讓人感佩的是他自身的修養，自律甚嚴且平易近人，對親友也是如此約束。林森的夫人很早就過世了，林森此後沒再娶妻，落實一夫一妻制，常不忘亡妻，對照當時許多民國大員妻妾成群，十分難得。

平常林森喜歡穿灰布長袍跟黑膠鞋，鞋子破了自己拿去補，一開始鞋匠還沒注意到他就是國民政府主席，可見作風之低調。林森外出不喜歡太多隨從跟隨，對待周遭的人相當親切，官邸的衛兵跟廚師都喜歡叫他”老的”，而不是叫他主席，林森不覺得不敬，倒也樂意他們這樣稱呼。

早上林森就是吃一根油條、一顆蛋跟一碗豆漿，中午則吃一碗飯加上一碗菜和湯，多是素食，飲食簡單和一般人沒兩樣。林森鮮少宴客，宴客不過吃四菜一湯，勤儉的程度連一次蔣介石來菜色只是多加一盤炒雞蛋而已。

林森沒有子嗣，只有一個養子叫林京，林森對他管教甚嚴，偏偏林京私生活放蕩，常常惹得林森勃然大怒。後來林京改名林亞平投靠傅作義，曾要林森向傅作義告知他們的關係，但林森沒有答應，最後林亞平在華北死於潰軍之手，成為林森的遺憾。

又如林森還有幾個侄孫在政府單位任職，曾要求林森幫忙活動一下，同樣遭到林森拒絕和勸戒，可見林森對親友約束之嚴。林森一生能保有好名聲，直至七十多歲才因病過世善終，跟他為人謙遜潔身自愛多有關連，這處世之道和精神確實值得後世紀念。

逢甲路——丘逢甲
文：Xavier
P

「宰相有權能割地，孤臣無力可回天。扁舟去作鴟夷子，回首河山意黯然。」丘逢甲這首《離臺詩》前兩句多少年了仍讓世人朗朗上口。

西元一八六四年丘逢甲出生於臺灣苗栗，從小父親丘龍章親自教他讀書識字，十四歲時丘逢甲參加童子試，獲得全臺第一，他的作品得到當時巡撫丁日昌的賞識，特別送他「東寧才子」印一方，給予文采極高評價，自此丘逢甲聲名大噪。

二十五歲時丘逢甲到福建參加鄉試成為舉人，隔年赴京應考順利成為一名進士，欽點工部虞衡司主事。好不容易考上進士，丘逢甲卻無意仕途選擇回臺，擔任臺南崇文等書院的主講。

一八九四年中日甲午戰爭爆發，丘逢甲感到日本侵臺的危機，獲清廷許可辦理團練，後改名義軍。隔年中日簽訂《馬關條約》，戰敗的清廷正式將臺灣割讓給日本，丘逢甲聞訊忿恨至極，三上血書反對割臺令人動容，但沒有成功。

由於割臺不可挽回，丘逢甲轉而尋求自救，和官紳成立「臺灣民主國」，由唐景崧擔任總統，丘逢甲任義軍統領，試圖繼續抵抗，接下來的發展也是丘逢甲一生最大的爭議所在。

日軍登臺後，臺灣民主國的戰況不如預期，擔任總統的唐景崧早逃回大陸，丘逢甲得知後嚴詞抨擊：「景崧之肉其足食乎！」只是丘逢甲同樣沒有奮戰到底，不久也內渡大陸，甚至有記載丘逢甲「挾款而去」。丘逢甲詳細的內渡時間學界仍有爭論，但一般認同晚於唐景崧之後。

丘逢甲是否挾款離開，由於缺乏明確事證我們姑且暫不議論，但他沒有和日軍戰至最後一刻，不論原因為何都是不爭的事實。對照他割臺前三上血書的義憤填膺，甚至「誓死守禦」的用詞，顯得前後不一，沒有達成世人對他的期待，會被後世質疑嘲諷也就理所當然了。

不過從另個角度看，關鍵時刻丘逢甲選擇保全自己也是人之常情，比起當時有些人聽天由命不聞不問，至少他內心起了漣漪還想反抗。

內渡後丘逢甲繼續從事他擅長的講課工作，曾在東山和景韓等書院當主講，並致力於新式學堂教育，陸續擔任廣府中學堂監督、廣東省教育總會會長、廣東諮議局副議長等職，並在諮議局任內通過了禁賭案。

丘逢甲生涯後期的政治思想為何是他另一個爭議之處，不少人試圖從他的交友互動、詩文看出一些端倪，但立論皆不夠嚴謹。筆者認為丘逢甲的思維介於立憲保皇與革命之間，不同時期亦有差異，他雖非守舊派，但也不是積極的革命行動派。

中華民國成立後，丘逢甲被選為臨時參議院參議員，就在民國元年二月二十五日丘逢甲病逝，沒來得及參與民國後的政治，死時還不到五十歲。

綜觀丘逢甲一生，確有其文采與抱負，對臺有情亦是實，學術層面他是個成功的文人，臺灣的逢甲路、逢甲大學之名即是為了紀念丘逢甲。然而政治與軍事層面非丘逢甲所擅長，讓他有更多非議。

清泉崗機場
—邱清泉
文：Xavier
P

清泉崗機場早期由公館機場擴建而來，曾是遠東最大的空軍基地，於民國五十五年改名為清泉崗空軍基地，清泉兩字來自徐蚌會戰中陣亡的國軍名將邱清泉。

邱清泉字雨庵，外號邱瘋子，黃埔軍校第二期畢業，為國軍少數的留德將領，曾在德國柏林陸軍大學學習。生涯歷經寧漢分裂、八年抗戰和國共內戰，其中抗戰時期的崑崙關大捷，邱清泉時任第五軍新編第二十二師師長，率部血戰擊潰日軍。

國共內戰時期，邱清泉曾擔任第五軍(又稱整編第五師)軍長，第五軍在華東戰場充當內戰急先鋒，被譽為蔣介石五大主力之一，多次重創共軍。甚至戰場上流傳出共軍「逢五不打」(不打第五軍)的說法，這說法或許有些誇張，不過歷來共軍跟第五軍交戰確實較為謹慎，難以給第五軍較大打擊。

丁里長之戰，中共華東野戰軍曾集中七個縱隊圍殲整五師，共軍的縱隊編制相當於國軍的軍，可見雙方兵力對比之懸殊，不過最後共軍還是遭到擊退，顯見邱清泉的整五師戰力之強，和胡璉的整編第十一師(第十八軍)被中共稱為兩隻老虎，造成共軍極大壓力。

不過豫東會戰蔣介石對第五軍表現有所不滿，即便第五軍已經盡了力，戰後邱清泉仍遭到撤職留任處分，讓邱清泉相當不諒解。蔣介石氣過之後，徐蚌會戰前仍想起他這位黃埔學生，邱清泉升任第二兵團司令官，該兵團為杜聿明集團中人員最多且裝備戰力最好的。

徐蚌會戰期間有傳聞邱清泉因有心結沒有盡力救援黃百韜兵團，最後黃百韜兵團全軍覆沒，事實上當時東援的第二兵團已相當賣力，並且前線部隊傷亡慘重。根本原因還是共軍打援部隊人數眾多且力量強大，非國軍解圍部隊可以擊破，實應給當時的邱清泉一個公允的評價。

戰前邱清泉曾言：「我與共匪拚命去矣！」展現跟共軍死拚的決心，沒想到這話成真，最後邱清泉在徐蚌會戰第三階段陣亡。

邱清泉到底怎麼死的？歷來兩岸有些爭論，解放軍戰史稱邱清泉是突圍時遭到流彈擊斃，國軍戰史則稱邱清泉是自戕身亡。

根據邱清泉警衛營營長遠碩卿在遺作《邱清泉之死紀實》的回憶，當時他在場目睹整個過程，邱清泉確實是自戕而死。由於遠碩卿應沒有造假動機，這段文字紀錄有相當可性度。

也有記載稱由於戰局悲觀，邱清泉在包圍圈中似乎信心大受打擊，沒了過往和共軍交戰的自信，沉溺於玩樂中，包圍圈中的國軍同樣有嚴重的軍紀問題。邱清泉的第五軍之前亦捲入昆明學潮衍生的慘案，這都是後話了。

邱清泉或許帶有爭議，卻是個有勇氣的人，在大勢已去下仍堅不投降不被俘虜，在戰場上死的壯烈，始終忠於國民政府。比起國共內戰許多國民黨將領爭相投共，邱清泉形成強烈對比讓人感佩。

永華路——陳永華
文：Xavier
P

「平生不見陳近南，自稱英雄也枉然。」民間文學作品中天地會陳近南是個義膽忠肝的豪傑人物，明鄭時期陳永華因為陳近南化名的傳聞，讓他在後世心中多了一些神祕感。

正史記載的陳永華字復甫，福建同安人，十四歲時考中秀才，因父喪十分悲痛，故放棄儒生業，轉為專心研究天下事，胸懷抱負欲伸展。

就在鄭成功用人之際，兵部侍郎王忠孝將陳永華推薦給鄭成功。鄭成功跟陳永華深談過後大為讚許，直呼：「復甫今之臥龍也。」將陳永華比喻為三國時代的諸葛亮，並授予參軍職。

趕走荷蘭人來到臺灣後，鄭成功沒多久就過世了，生前鄭成功曾叮嚀兒子鄭經：「陳先生(陳永華)是當代名士，是我留下來輔佐你的，你要將他當作自己的老師對待。」陳永華盡心輔佐鄭經，協助他排除阻礙成為鄭成功正式接班人，許多事鄭經也都會詢問陳永華的意見，十分敬重。

在鄭經支持下，陳永華大刀闊斧治理臺灣政務，首先將東都改名東寧，設立天興州、萬年州和承天府，將臺灣行政區域調整為「二州一府」，另在南北二路和澎湖設置安撫司。

為控制戶籍人口以及維持治安，陳永華建立保甲制度，以十戶為牌，十牌為甲，十甲為保來層層掌握，防止滋事動亂。

當時臺灣荒地仍多，陳永華延續先前寓兵於農的開墾政策，鼓勵大陸移民來臺拓墾，增加糧食生產。並教導民眾種植甘蔗，製作蔗糖販售至國外，以及採用曝曬海水製鹽的新作法來提高品質。

拓荒屯墾逐漸得到成效後，陳永華開始著手文教工作，向鄭經力陳收人才的重要性，鄭經允其所請建聖廟、設立學校來培養人才，以求鞏固邦本，可見陳永華眼光之長遠。

反清戰爭「三藩之役」鄭經也派兵響應，當時陳永華擔任東寧總制使，鄭克𡒉監國，大小事多出於陳永華籌畫。鄭經部隊西進雖一度有所進展但最終仍無功而返，撤兵回臺後鄭經本人沒了過去的進取之心，東寧王國內部留守派和西征派的矛盾跟著逐漸加劇。

說到鬥爭權謀，西征派的馮錫範終究還是略勝一籌，陳永華中了馮錫範之計自行引退，淡出東寧王國政壇，鄭克𡒉亦被殺，改由鄭克塽繼位，此後臺灣政局日趨惡化，陳永華憂心忡忡，不久染上風寒病逝，死時僅四十六歲。

陳永華一生盡心輔佐鄭氏三代，為鄭氏做了許多策畫，穩住了當時危急的情勢，自始自終都忠於鄭氏王朝，最後抱憾而逝。這情景確實可以和蜀漢的諸葛亮比擬，難怪後世都給予陳永華正面的評價，在臺南就有以他為名的永華路，筆者到訪過的永華宮亦是為了紀念陳永華。

清軍佔領臺灣後，將原本葬於臺南柳營的陳永華骸骨遷回大陸，卻切不斷陳永華和臺灣的連結，至今仍讓人感念。

成功路——鄭成功
文：Xavier
P

臺灣歷史上鄭成功絕對是響叮噹的一號人物，猶記筆者在臺南的高中母校校歌歌詞也寫到了鄭成功三個字，訴說著幾百年前他和臺南的淵源。

鄭成功原名鄭森，西元一六二四年出生於日本長崎，七歲時被父親鄭芝龍帶到大陸福建，開始了他傳奇的一生。

在父親刻意栽培下，鄭成功八歲就會讀四書五經，二十一歲進入國子監太學，早期文氣頗重，和外界對他軍事為主的印象不大相同。這年崇禎皇帝在北京自縊，明朝正式滅亡，神州局勢越動盪不安。

一次鄭成功隨鄭芝龍覲見南明隆武帝，隆武帝和鄭成功談過話後撫他的背表示：「恨朕無女妻卿！」並賜姓朱，改名成功，封御營中軍都督。隆武帝這話固然有拉攏鄭成功父子之意，另方面應也是出自對鄭成功初印象良好。

無奈手握兵權的鄭芝龍並無心支持隆武帝抗清，只想割據一方確保自身利益，在隆武帝被清軍擒殺之後主動降清，之後成為清廷招撫逼迫鄭成功的籌碼。父親如此，鄭成功倒挺有骨氣拒不降清，後奉南明永曆帝正朔，持續抗清壯大自己。

有很長一段時間鄭成功和清軍談談打打，雙方互有勝負，鄭成功曾以和議為策略趁機徵餉徵兵，和西南的李定國等人成為南明較大的幾支軍事力量，被永曆帝封為延平王。

不過李定國兩次邀約鄭成功出兵響應夾擊清軍，鄭成功雖答應但部隊行動並不積極，導致李定國功敗垂成，即使當時鄭成功有其無奈之處，但仍讓後世非議。

鄭成功在大陸最受矚目的一戰無疑是南京之役，當時清軍主力都前往西南追擊永曆帝，給了鄭成功大好機會，若能在東南戰線打開局面也有助緩解永曆帝壓力。

西元一六五九年鄭成功率領大軍北上圍攻南京，戰況一度對鄭成功有利，可惜先勝後敗，最後沒拿下南京，鄭成功部隊在清軍突擊下損失慘重，大批將領戰死，只得再度南撤。

之後在荷蘭通事何廷斌建議之下，鄭成功不顧眾人反對決定渡海攻取臺灣做為立足之地。一六六一年三月鄭成功正式率兵東渡攻打臺灣，四月在鹿耳門登陸，同年鄭芝龍因已無利用價值被清廷處死，在鄭成功優勢兵力圍攻下隔年荷蘭人正式投降。

順利取得臺灣做根據地後，鄭成功在現今的臺南設立承天府，將臺灣行政區劃分為一府二縣。努力實施屯墾，寓兵於農來開墾荒地，解決軍糧問題。然而，就在鄭成功準備大展身手之時，荷蘭人投降幾個月後鄭成功就猝逝了。

要比對永曆帝的忠貞，鄭成功比不上李定國，但有這麼一位積極降清想享榮華富貴的父親，鄭成功卻不受影響堅決反清，即使清廷以鄭芝龍來要脅仍不為所動，這點鄭成功已很難得。

鄭芝龍海盜出身的過去和降清事蹟並不光彩，鄭成功的出現一定程度扭轉後世對鄭氏家族的印象。不過歷史就是這麼詭譎，當初曾是鄭成功部下的施琅，最後卻帶兵攻佔臺灣終結了明鄭政權，鄭成功生前想必始料未及。

武聖路——關羽
文：Xavier
P

三國時代不少人物後來都成為民間信仰的神明，其中最具代表性的無疑是蜀漢的關羽，全臺各地都可見到祭拜關公的宮廟，至今臺灣仍有以他為名的武聖路。

關羽是蜀漢較有代表性的將領之一，出身於東漢末年，年輕時與劉備、張飛相識，為俗稱的「桃園三結義」。三人以劉備為首，關羽次之，隨後關羽跟隨劉備鎮壓黃巾軍，展開征戰的一生。

因為劉備被呂布擊敗，早期關羽曾和劉備一起投靠曹操，不過劉備投靠曹操只是暫時的權宜之計，之後劉備等人趁機脫離曹營，不久後又被曹操率軍擊敗，關羽也被俘虜。

俘獲關羽後，曹操對關羽十分禮遇，先是給他一個偏將軍頭銜安置，後又因戰功封關羽為漢壽亭侯。不過關羽終究不願屈居在曹操麾下，同一年得知劉備消息，關羽即離開曹操去和劉備會合。

官渡之戰後關羽跟劉備一同投靠劉表，駐兵於新野。西元二〇八年赤壁之戰爆發，孫權、劉備聯軍大敗曹軍，關羽也帶兵參與。戰後劉備勢力膨脹佔領了荊州其中四個郡，孫權接受魯肅建議借荊州給劉備做為立足之地，意圖給曹操樹立敵人減輕東吳壓力。

據有荊州之後，劉備集團開始進入益州，諸葛亮隆中對的戰略逐漸在實現的路上。在諸葛亮也入川後，劉備將益州這個戰略要地交給關羽獨自鎮守，責任相當重大。

不過劉備的壯大讓昔日盟友孫權也感到威脅，劉備一拿下益州孫權立刻遣使要求歸還荊州，幾經波折雙方議定平分荊州，這勉強的折衷做法為日方雙方衝突埋下導火線，關羽成了主角。

西元二一九年被劉備封為前將軍的關羽開始揮兵北伐，起初連連得勝，殺了龐德，逼降于禁，兵鋒所至周遭不少曹操控制的地區都陸續響應關羽，嚇得曹操一度動了遷都的念頭，此即為成語關羽「威震華夏」的由來。

此時關羽邁向了人生的巔峰，為對付關羽，曹操接受部下建議，利用孫劉聯盟之間的矛盾，找上孫權合作，讓急於拿回荊州的東吳向關羽發起攻擊。最後關羽腹背受敵被東吳部隊擒殺，死時五十九歲，劉備悲痛萬分，關羽之死成為劉備稱帝後出兵伐吳的關鍵之一。

關羽死後，孫權將關羽首級送至洛陽向曹操邀功，曹操則是以諸侯之禮厚葬關羽，這中間或許還參雜他對關羽的敬重和惜才之情。詭異的是將關羽安葬後沒幾天，曹操也過世了。

軍事上關羽有其能耐，他對劉備也相當忠心，讓後世對他十分景仰，有鮮明的忠義形象。另方面關羽個性較驕，不論是不願與黃忠並列，或是辱罵孫權為子派來締結聯姻的使者，讓孫權大怒，過於自信或許也種下後來的敗因。

蜀漢後主時代劉禪封關羽為壯謬侯，之後中國許多朝代都對他有所封謚，關羽的形象逐漸由人升格為神，形成華人世界獨特的關帝信仰。

王生明路—王生明
文：Xavier
P

高雄步兵學校旁有條王生明路，以紀念國軍在一江山戰役陣亡的王生明上校（後追封為少將），他的事蹟已淹沒在歷史的洪流之中逐漸被遺忘。

據傳王生明死前在無線電講的最後一段話是：「我是王生明，現在敵人（解放軍）還離我五十公尺，剩下最後一顆手榴彈，是留給我自己的，中華民國萬歲！」

這段話說完王生明率領部隊向解放軍衝殺，自己也引爆最後一顆手榴彈殉國，死得轟轟烈烈，奮戰至最後一刻，無線電中這段話每一個字都讓人撼動。

王生明字至誠（至誠路、至誠公園也是為了紀念他），是胡宗南將軍的舊部，在北伐跟抗戰都有英勇的表現，曾以十七歲之姿衝上前線俘虜了兩名白俄傭兵，可見其膽識過人。

一九四九年國共內戰在大陸進入最後階段，胡宗南退守西康，很多人恨不得可以離開這個絕地。沒想到當時人在臺灣擔任副師長的王生明竟主動要求前往西康擔任第一三五師副師長，把自己置於險境。

西康淪陷後，王生明仍留在西康打游擊持續抵抗，最後才撤回臺灣，光這段事蹟就讓人肅然起敬。試問，有多少人願意這樣做？

一九五五年一月浙江沿海的一江山戰役爆發之時，王生明時任一江山防衛司令，率領一江山軍民守備大陳島門戶一江山島。當時大陳島被視為是臺灣北面的屏障，解放軍要拿下大陳，就必須先進攻一江山，一江山島的重要性不言可喻。

王生明就是在此情況下被選中擔任一江山防衛司令，據說還是蔣經國總統親自欽點的。王生明曾滿懷雄心壯志的表示：「守一天，我叫臺灣振作；守兩天，我讓共匪喪膽；守三天，我讓白宮翻過來。」王生明不單是接受成命，而是確實有死守拚戰之心。

一江山島戰役爆發時，國軍處境的險惡遠超乎想像，當時解放軍已經掌握一江山的制海跟制空權，讓鄰近的大陳島國軍戰時難以支援。守備一江山的國軍只有千餘人(一說七百多人)，解放軍登陸人數卻近五千人，也有參戰人數達萬人的說法，完全是壓倒性的優勢。

即便一江山島修築堅固的防禦工事，在雙方力量懸殊之下，一江山島還是失守，包含王生明在內一江山守軍全軍覆沒，但解放軍也付出比國軍更慘重的傷亡代價，在王生明率領下一江山守軍確實已經盡了力。

多年前王生明路因為諧音上唸起來不吉利，發音似往生、冥路，附近居民曾有更改路名的想法，也有人提出改為「生明路」的折衷方案，不過王生明路還是保留下來，但也被截短，讓王生明兒子王應文頗無奈，回想小小年紀就失去父親也是王應文心中的痛。

一次王生明兒子王應文訪北京遇到解放軍一江山戰役指揮官張愛萍兒子張翔，沒想到張翔竟然說：「你老爺子是好樣的，如果國軍的將領都像是令尊一般，也許歷史又將不一樣了。」

這樣的場合這樣的發言相當敏感和大膽，不過張翔確實講出事實，國軍將領如果都像王生明這樣英勇，國共內戰的進程會大幅改變，兩岸現代史會有相當程度的改寫。然而六十多年前這段轟轟烈烈的歷史，已難在現代人心中起一絲漣漪，徒增傷感。

五妃街
——袁式、王氏、荷姐、
梅姐和秀姑
文：Xavier
P

多少年了，依稀記得學生時代筆者在臺南會經過的五妃街，五妃街上佇立一座五妃廟。五妃街不算特別長，五妃廟格局也不大，卻有過一段轟轟烈烈的歷史，現在讀到仍讓人感嘆。

五妃指的是南明寧靖王的五位姬妾袁式、王氏、荷姐、梅姐和秀姑，說到五妃得先提提寧靖王。寧靖王朱樹桂是明太祖九世孫遼王的後代，南明弘光帝時晉升鎮國將軍，隆武帝時期改封為寧靖王。

之後弘光帝、隆武帝陸續敗亡，南明局勢更顯危急，西元一六六四年寧靖王東渡來到臺灣，在竹滬(今高雄路竹)開墾荒地數十甲。然而聽聞清將施琅請伐臺，不少鄭氏在臺諸將卻無過往雄心和鬥志，寧靖王十分痛心落淚。

擔心的事終究還是來了，一六八三年施琅率領大軍攻打臺灣，海戰得勝後先奪下澎湖。如何因應此時明鄭內部意見出現分歧，有人主張再戰，有人主和，亦有人力主攻取呂宋，最後鄭克塽決定議和降清。

確定局勢無可挽回後，寧靖王相當有骨氣，召集姬妾說：「孤不德，顛沛海外，冀保餘年，以見先帝、先王於地下；今大事已去，孤死有日，汝輩幼艾，可自計也。」表達不願降清視死如歸的精神，以免愧對先人，並放手讓五位姬妾自謀生路。

沒想到五位姬妾的回應同樣讓人動容，聽完寧靖王一席話後隨即表示：「王既能全節，妾等寧甘失身，王生俱生，王死俱死，請先賜尺帛，死隨王所。」五位姬妾相繼自縊而死，寧靖王將她們葬於南門外的魁斗山(又名桂子山)，稱為五妃墓，不久寧靖王也上吊自殺，令人感嘆。

五妃墓位於現今臺南市中西區五妃里，最初為不封不樹之墓，清朝乾隆時期開始整建，當時立墓碑寫著：「寧靖王從死五妃墓」，並在墓前方建廟，之後清朝結束前又歷經多次整修。

日據時代，在愛國婦人會臺南州部長倡議下再次做大規模整建，形成之後五妃廟大致的雛型，時任臺南州知事的日本人喜多孝治在墓旁立了「五妃之碑」石碑，表達對五妃大義的感佩。

不過二戰時五妃廟曾因盟軍空襲受損，民國八十七年五妃廟又做一次較大的修復，此後亦曾遭逢地震損毀，不斷翻修維護。現在五妃廟緊鄰市立棒球場和店家林立的健康路，列為國定古蹟，難以想像早期這裡雜草叢生一片荒涼，曾被當地稱為「鬼仔山」，可謂今非昔比。

廟中有五尊供人供奉的五妃雕像，據說是清朝末年所刻的，一旁亦有義靈君祠祭祀兩位追隨寧靜王而死的侍從，同樣是大義之人。

五妃的詳細生平與背景現已難以考究，但在戰亂的年代下，不論其它出路可不可行，最後關頭選擇自縊無庸置疑需要非常大的勇氣和決心，五位姬妾的精神跟寧靜王一樣讓人起敬，也是大時代下的悲劇。

天祥街——文天祥
文：Xavier
P

「人生自古誰無死？留取丹心照汗青。」七百多年前文天祥這首《過零丁洋》最後兩句不知讓多少世人動容，也如文天祥所言史書記載了過去他對國家的忠心，一世傳一世永遠讓後世記得。

西元一二三六年文天祥誕生於廬陵一個平民家庭，當時正值宋理宗在位，外有強大的蒙古鐵騎虎視眈眈，南宋面臨日益迫近的存亡危機。

從小父親文儀就積極教導文天祥念書，而且十分嚴格，是文天祥少年時期主要的家庭教師。雙親亦灌輸文天祥報國的觀念，也許這樣的思維自小深深影響文天祥，注定了他往後的人生結局。

二十一歲的時候文天祥參加殿試，他寫的對策針砭時弊倡議改革，宋理宗看過後親自提拔為第一。不過就在文天祥中狀元後沒幾天他的父親就過世了，文天祥依照制度回去為他的父親守孝三年。

一二七五年南宋情勢更加危急，元朝軍隊乘勝向長江下游進軍，文人出身的文天祥響應朝廷勤王，散盡家產充當軍費籌組義軍，義軍人數一下子發展到數萬人，但這支義軍當時並沒有發揮效用，在元軍重兵壓力下臨安岌岌可危，宋朝謝太皇太后決定請降。

太皇太后任命文天祥為右丞相，尷尬的是給他的任務卻是前往元軍大營談和投降，但文天祥沒有降意，在伯顏面前毫無懼色據理力爭，還要求元軍先後撤，最後遭到扣押，義軍亦被迫解散，所幸文天祥於北上途中逃出。

逃出後文天祥投入福州登基的益王（史稱宋端宗）麾下，擔任右丞相兼樞密使，繼續領兵和元軍作戰，一度對元軍有勝績，可惜南宋敗局已無法挽回，文天祥自己先在五坡嶺兵敗被俘，危急時文天祥曾試圖服藥自殺沒有成功，最終在元軍圍攻下南宋小朝廷還是覆滅。

這次被俘文天祥沒能再脫逃，一路被押往大都。抵達大都後南宋降臣、元朝丞相、甚至已經投降的宋恭帝都被派來勸降文天祥，但文天祥意志堅定都予以拒絕。

文天祥這麼一關就是三年多，在獄中創造了《指南後錄》、《集杜詩》等眾多文學作品。其中最膾炙人口的無疑是《正氣歌》，描述了他在監獄中的環境相當惡劣，有七種很不好的氣，文天祥卻能在這樣的環境撐了兩年沒有大病，以一敵七，全因他有身上有一股正氣，令人感佩。

文天祥能否活命，最終的決定權在於元世祖，眾臣推薦加上元世祖本身欣賞文天祥的才能，元世祖始終想勸降文天祥讓他任官，甚至擔任宰相。最後元世祖親自出面規勸，當面允諾文天祥宰相之職，文天祥仍不為所動只求速死。

猶豫過後元世祖總算下定決心賜死文天祥，文天祥死前向旁人詢問何處是南方，向南拜別後隨即從容就義，死時四十七歲。

家人幫文天祥收屍時在他的衣帶發現有段贊文寫著：「孔曰成仁，孟曰取義，唯其義盡，所以仁至。讀聖賢書，所學何事？而今而後，庶幾無愧。」表達效法孔、孟的仁義精神，付出了生命，可歌可泣。

傳廣路——楊傳廣
文：Xavier
P

相較於許多國家，歷年來臺灣選手要在奧運奪牌一直都是很艱辛的一件事，特別是田徑項目要奪牌更是難上加難。六十多年前有一個人曾經做到了，他是楊傳廣，在一九六〇年羅馬奧運男子十項拿下銀牌，因為他臺東有條路名為傳廣路。

楊傳廣原名馬山，是阿美族人，民國二十二年出生於臺東的一個運動世家，父母親和幾個妹妹都是運動好手。也許是家裡的良好基因，加上偏遠的山野大自然環境磨練奠定了基礎，養成過人的體能，日後楊傳廣一步一步成為一位受矚目的田徑選手。

現在外界多只記得楊傳廣在田徑場上留下的傳奇，其實學生時代唸臺東農校時楊傳廣曾打過棒球，當過三壘手跟投手，但沒有特別突出的表現。倒是在這時期楊傳廣發現自己對跳高和跳遠很有興趣，對他往後產生巨大的影響。

在第七屆省運會楊傳廣首度以打破紀錄的成績拿下跳高冠軍，第八屆省運會楊傳廣更上一層樓，拿下跳高跟跳遠冠軍，他運動的天分開始展現，獲得外界越來越多注意。

民國四十三年楊傳廣征戰馬尼拉亞運，不久前他才剛破例入選國家隊，其中還有一段小插曲，楊傳廣原本以為自己沒入選準備回家，最後在收音機廣播聽到自己名字在參賽名單裡時，他已經哭了。

這次亞運參賽楊傳廣果然沒有讓人失望，在十項運動以總分 5454 分險勝日本選手拿下冠軍。由於表現搶眼，馬尼拉當地報紙以「ASIA IRON MAN」形容楊傳廣，自此楊傳廣「亞洲鐵人」的稱號不脛而走。

看上楊傳廣的潛力十足，時任田徑協會主委的關頌聲特別聘請外籍教練來協助楊傳廣訓練，在楊傳廣選手生涯裡關頌聲無疑是重要的恩人。民國四十五年楊傳廣在墨爾本奧運出賽，在十項運動總得分 6521 分名列第八，雖沒有得牌，但總分相較於亞運已進步很多。

緊接著在民國四十七年的東京亞運楊傳廣光芒四射，再度於十項運動奪冠，接著楊傳廣受邀前往美國參加全美十項運動錦標賽，和美國名將強生(Rafer Johnson)同場較勁，比賽結果楊傳廣獲得第二名，只以129分之差輸給強生。

後續在關頌聲大力支持下楊傳廣到加州大學洛杉磯分校(UCLA)就讀受訓，和強生一起練習，兩人良性競爭逐漸成為好朋友。

楊傳廣生涯最光榮的一戰無疑是在一九六〇年的羅馬奧運，揹負國人滿心期待，楊傳廣在十項運動和強生上演世紀大對決。十個項目中有七個楊傳廣分數領先強生，但由於在三鐵項目落後強生太多，最後楊傳廣總分8334分以些微差距輸給強生的8392分獲得銀牌。

這是中華民國在奧運史上得到的第一面獎牌，意義非凡。回國後楊傳廣獲得國人熱烈的歡迎，楊傳廣車隊所到之處，用萬人空巷形容並不誇張，這樣的場景可說前無古人，後無來者，至今臺灣運動員仍難以超越。

根據楊傳廣回憶，因為沒有拿到第一名，他接受總統蔣介石召見時當面向他道歉，蔣介石則是勉勵楊傳廣：「沒有關係，下一次還有！」楊傳廣的好表現連平常嚴肅的蔣介石都很高興。

不過下一屆奧運因為計分方式改變等原因，楊傳廣沒有再奪牌，也有賽前疑似遭下毒的傳聞，但未經證實，不論如何都無損於楊傳廣是位偉大選手的事實。

這次奧運結束後，楊傳廣淡出體壇，當過教練培訓選手，亦曾擔任立法委員，於民國九十六年在美國逝世，過世前強森還特地前來探望他。

日昌路一丁日昌
文：Vicky
P

在高雄市鼓山區，有一條不甚起眼的日昌路，多數用路人行經路過，可能未曾注意到，這條路是紀念一位與臺灣發展相關的歷史人物——清代福建巡撫丁日昌。

丁日昌（一八二三年—一八八二年），字禹生，廣東省潮州府豐順縣（今廣東省梅州市豐順縣）人。丁日昌廿歲考取秀才，成為秀才之後屢次鄉試考取舉人不中，但其文才被當時惠潮嘉道李璋煜賞識，譽為不世之才，聘用丁做幕僚。

道光三十年（一八五零年）太平天國興事，太平軍攻打潮州，丁日昌率鄉勇民兵團練，數度擊退太平軍，丁日昌因軍功受賞，咸豐六年調任瓊州府府學訓導，之後又任江西萬安縣知縣、廬陵縣知縣等職務。

咸豐十一年（一八六一年）丁日昌成為曾國藩幕僚，委派負責釐金跟軍火事務，後追隨李鴻章，先主機器局，後積勛同知銜，升任直隸州知州、江蘇蘇松太道道員、兩淮鹽運使。同治六年（一八六七年）升江蘇布政使，同治六年到同治九年為江蘇巡撫，後坐兵部侍郎銜、都察院右副都御史銜。

光緒元年（一八七五年）丁日昌出任福建巡撫兼福州船政大臣，負責推展洋務運動新政。任職期間接手升任兩江總督的沈葆楨所留下業務，積極展開對臺灣治理，沈葆楨曾建議福建巡撫應半年在大陸、半年在臺灣，丁氏秉承其志率先身體力行。

丁日昌在臺灣停留時間有限，然身為洋務運動推展大將，在臺積極開展多項建設。

首先整頓吏治、改革賦稅，免除了一些繁雜苛捐，又在香港、汕頭、廈門等地設招墾局，招募閩粵居民進墾臺灣東部，強化清廷的統治。

防務方面，丁日昌繼續建造新式砲台，並請購鐵甲艦。

交通方面，丁日昌架設了自安平至府城，以及安平至旗後（今高雄旗津）的電報線路，這是臺灣第一條亦是當時中國第一條自有電報線。並研擬興建鐵路，惜因經費龐大還來不及實現，丁氏即已去職。

經濟方面，丁日昌十分重視煤、鐵、硫磺等礦產的開採，並聘用顧問協助開挖石油，另積極推廣臺灣茶葉的產銷，同時引進咖啡在臺灣南部嘗試種植，此為文獻可考臺灣種植咖啡之始。

原住民政策方面，丁日昌延續以往「撫剿」並行的方式。一方面鼓勵原住民漢化，在臺灣府的歲試中錄取淡水廳原住民生童一名，首開原住民以科考獲取功名之例，隨後並奏請位原住民增加功名的保障名額。而對不服從的原住民採取嚴厲手段，多次以武力攻打原住民部落，如光緒三年（一八七七年）的大港口（今花蓮縣豐濱鄉）事件，大量阿美族壯丁遭到清軍殺害。

光緒四年（一八七八年）丁日昌因病請辭回鄉休養，後委任負責南洋事務及節度水師官兵，曾協同處理福州烏石山教案。光緒八年（一八八二年二月廿七日）丁日昌逝世於廣東揭陽家中，卹如制。

丁日昌任職福建巡撫期間僅數年，在臺駐紮前後不過半年，然承先啟後，延續清朝洋務新政推展，在臺灣發展史上留下重要的一頁。

# 羅斯福路——羅斯福

文：Vicky

羅斯福路貫通臺北市南區，是臺北市南北向的重要幹道，這條大馬路的名稱，係紀念一位與中華民國關係密切的美國總統——富蘭克林・德拉諾・羅斯福（Franklin Delano Roosevelt）。

富蘭克林・德拉諾・羅斯福（一八八二年一月卅日－一九四五年四月十二日），出生於紐約州海德公園（Hyde Park）一個富裕的荷蘭裔家庭，中文常以「小羅斯福」稱呼，跟另一位也當過美國總統的家族親戚西奧多・羅斯福（Theodore Roosevelt）區分。

羅斯福自幼就接受嚴格良好的教育，學習各種才藝技能，中學畢業於名校格羅頓公學（Groton School），大學取得哈佛大學的文學士學位，曾在哥倫比亞大學法學院就讀，後因考取律師資格而輟學展開執業。

一九零五年羅斯福與家族遠親伊莉諾・羅斯福（Anna Eleanor

Roosevelt）結婚，兩人育有六名子女（其中一位早夭）。

一九一零年，年僅廿八歲的羅斯福投身政壇，代表民主黨當選紐約州參議員，一九一二年連任，隔年獲美國總統威爾遜（Thomas Woodrow Wilson）任命，出任美國海軍助理部長一職。助理部長任內，羅斯福展現出色的個人能力，使他逐漸成為民主黨政治之星。一九二零年代表民主黨競選副總統失利，暫時離開政壇。

一九二一年羅斯福罹患小兒痲痺，造成終身半身不遂，期間羅斯福進行大量治療嘗試，意圖重新站起並重返政壇。

一九二八年羅斯福重回政壇，當選紐約州州長，一九三二年參選美國總統，擊敗共和黨對手胡佛（Hetbert Clark Hoover）當選，其後連續出任四屆美國總統，也是歷史上唯一一位任職超過兩屆的美國總統。

羅斯福上任總統之時，美國面臨嚴重經濟大恐慌，百業蕭條。為挽救經濟，羅斯福推動新政（New Deal），實行多項改革創新措施，重整美國社會，部分政策及創建機構一直延續至今。

羅斯福更為我們所熟知地，則是做為第二次世界大戰期間同盟國元首，發揮重大影響力。一九三九年歐戰爆發，軸心國襲捲歐陸，美國雖然開始是中立國，然而為避免軸心國擴張，羅斯福決定提供各種援助支持同盟國，一九四一年通過著名租借法案（Lend-Lease Program），美國援助英國、蘇聯、中華民國等已參戰國家。

一九四一年十二月爆發珍珠港事件，美國正式參戰。美國本土豐沛資源跟生產力，美國一躍成為同盟國兵工廠，支援其他地方作戰的盟友。已對日孤軍奮戰四年的中華民國，得到更多來自美國的援助，包括技術人員、武器裝備、民生物資等等，對於我國對日抗戰發揮實質的助益。

一九四三年十二月，同盟國中美英三國於非洲開羅召開會議，商討對日作戰合作及戰後安排事宜，國民政府主席蔣中正獲邀參加。會議上，羅斯福總統表達對中華民國的支持，會後發表《開羅宣言》，其中要求臺灣、澎湖群島必須回歸中華民國。宣言內容被之後《波茨坦宣言》納入，成為《日本降伏文書》的指引。抗戰勝利後，臺灣重回中華民國統治至今。

一九四五年四月十二日，羅斯福總統因腦溢血逝世，享年六十三歲。有鑑於羅斯福總統生前對我國的各種支持，政府對於羅斯福總統有極高評價，在歷任美國總統排名中，羅斯福始終名列前茅，備受美國人肯定。

馬偕街—馬偕
文：Vicky
P

淡水是臺灣北部歷史上重要據點，留下許多外國人足跡，其中有一位傳教士不但在此傳教，更行醫辦教育，落地生根貢獻社會。淡水有條街就以他命名作為紀念，他就是許多人耳熟能詳的馬偕。

馬偕本名George Leslie Mackay，（一八四四年三月廿一日—一九零一年六月二日）漢名偕叡理，世人多以馬偕、偕牧師、馬偕博士稱呼。馬偕生於英屬加拿大安大略省一個蘇格蘭裔長老教會家庭，由於自幼深受環境薰陶影響，走上傳教的道路。一八六六年馬偕進入多倫多諾士神學院，隔年轉至美國普林斯頓神學院就讀，一八七零年畢業。馬偕返回加拿大隨即向教會提出海外宣教的申請，等候期間赴英國愛丁堡神學院深造。

一八七一年四月馬偕的申請獲得批准，教會安排馬偕赴中國傳教，並於九月封立馬偕為牧師。一八七一年十月馬偕從加拿大出發，幾經輾轉最後抵達臺灣淡水，展開了他的宣教事業。

馬偕深知，宣教要成功必須掌握當地語言，首先他向本地隨從及牧童學習臺語，不久便能使用臺語講道佈道，很快地有了第一批受洗的教徒。馬偕的宣教採取主動出擊，他向教會提交報告說明，透過四處旅行，結合醫學、教育、培訓青年等方法傳道，是他獲得成功的關鍵。一八七八年馬偕與臺灣女子張聰明結婚，隔年生下女兒偕瑪連（Mary Ellen Mackay）。

馬偕自一八七一年來到臺灣，除中間兩度回加拿大述職及省親的四年時間外，直到一九零一年過世，在臺灣時間長達廿六年，留下諸多影響貢獻。

最為人知當為醫療。馬偕來到臺灣以後，首先在自宅為民眾提供免費的醫療，並宣導分享公共衛教知識，替民眾拔除蛀牙、贈送瘧疾藥物、治療腳膿瘡（俗稱臭腳粘）等疾病。

馬偕常與助手四處旅行兼佈道，深入許多原住民部落和鄉村，隨時路邊幫人診治拔牙，馬偕一生總共在臺灣拔了超過兩萬一千顆牙，造福無數民眾。

第一次返加拿大期間，馬偕得到鄉親贊助，返回臺灣後於一八八零年在滬尾（今淡水）開設北臺灣第一間西醫院—滬尾偕醫館（今馬偕紀念醫院）。中法戰爭期間，法軍進攻北臺灣，許多西方事物被當時民眾所仇視，惟馬偕堅持行醫，照顧收治傷兵，得到清廷的褒揚。迄今馬偕紀念醫院仍繼續運作，服務廣大臺灣民眾。

醫療之外，馬偕另一項為人熟知的貢獻為教育。一八八二年馬偕創建牛津學堂（Oxford College，漢名為「理學堂大書院」，今真理大學）。一八八四年又在牛津學堂東側建立淡水女學堂（今併入淡江中學），第一屆招收卅四名學生，馬偕為鼓勵女性受教育，不但學費全免，還補助交通費、提供吃住與衣著。除漢人外，還有許多北部原住民女性入學。

醫療跟教育之外，馬偕亦關注臺灣民俗文化，曾考察蒐集相關文物數百件，帶回加拿大供作收藏。

一九零一年六月二日，馬偕因喉癌逝世於淡水住所，享年五十七歲。馬偕一生奉獻臺灣，至今仍為許多人懷念跟津津樂道，其人其事都在臺灣歷史上留下光輝的一頁。

東閔路——謝東閔
文：Vicky
P

臺灣中部的南投縣跟彰化縣，都有一條名為「東閔」的道路，道路名稱是為了紀念一位出身彰化的前副總統——謝東閔。

謝東閔（一九零八年一月廿五日－二零零一年四月八日）原名謝進喜，號求生，晚年世人多稱謝求公、東閔仙。彰化縣二水鄉光化村人。

謝東閔出身小康家庭，小學就讀二八水公學校（今二水國小），中學時期就讀臺中州立第一中學（今臺中一中），時值日本統治時期，謝東閔因不滿日本人殖民統治，萌生內渡求學的念頭。

一九二五年謝東閔自基隆搭船至日本，再轉至上海。在滬期間曾先就讀東吳法學院，後南下廣州，一九三一年畢業於中山大學政治系。而後謝東閔一度留在學校擔任日文助教，並在廣州、香港等地寫稿維生，未幾轉而投身政壇，展開個人從政生涯。

一九三一年謝東閔從基層工作做起，歷任廣州市自治會兼任幹事、廣東省軍事訓練委員會少校秘書、香港郵政總局郵電檢查處檢查員、廣西日報主任及編輯。一九四三年中國國民黨臺灣黨部在漳州成立，謝東閔應邀出任執行委員，在福建地區開展抗日活動。

一九四五年抗戰勝利，謝東閔回臺參與接收工作，頭先擔任高雄州接管會主任，其後經歷官派高雄縣長、臺灣省行政長官公署民政處副處長、臺灣省政府教育廳副廳長、臺灣省立師範學院（今國立臺灣師範大學）院長、臺灣新生報董事長、救國團副主任、國民黨副秘書長、臺灣省政府秘書長、臺灣省議員、臺灣省議會副議長、議長等職務。

一九七二年謝東閔派任臺灣省主席，成為第一位臺籍省主席。省主席任內，謝東閔一改過往軍人主政風格，時常下鄉走訪深入民間，展現親民風範，時值國家經濟起飛，謝東閔配合中央推動各項基層建設獲得好評。一九七八年獲提名當選中華民國副總統，為第一位臺籍副總統，一九八四年卸下副總統職務，轉任總統府資政。

二零零一年四月八日因心肌梗塞伴隨呼吸道感染，病逝臺北外雙溪家中，享耆壽九十三歲。骨灰安放回家鄉彰化二水的示範公墓。

謝東閔當年是政府為數不多的臺籍幹部，受到政府特意的栽培提拔，或許因此成為部分人士眼中釘。一九七六年雙十節，時任臺灣省主席的謝東閔，收到臺灣獨立運動人士王幸男寄出炸彈郵包，拆封時引發爆炸，導致謝東閔終身失去左臂，也成為中華民國首位身障的省主席及副總統。

謝東閔長年關注教育領域活動，其中又以一九五八年創辦實踐家政專科學校（今實踐大學）影響最大。該校以「力行實踐　修齊治平」

為理念，培養各類家政領域人才，至今實踐仍以服裝設計、餐飲、藝術等領域名聞遐邇。另外位於家鄉二水的故居，於一九七二年捐出，設立家政中心，開辦各項研習訓練課程供各界人士進修，成為地方社會教育重要的推廣基地。

謝東閔出身臺灣鄉下，憑藉自身的刻苦努力，成功力爭上游，成為臺灣本土精英治國的先例。成功之餘亦不忘回饋鄉里，提攜後進，留下個人典範。

葆楨路—沈葆楨
文：Vicky
P

高雄市鼓山區有一條葆楨路，係紀念晚清時期，一位對臺灣發展有重大影響的知名歷史人物——沈葆楨。

沈葆楨（一八二零年四月九日－一八七九年十二月十八日），榜名振宗，字翰宇，號幼丹，諡文肅。福建省侯官縣（今福州市）人。沈葆楨是晚清洋務運動的重要人物，因交涉牡丹社事件出任欽差大臣，來臺駐紮一年有餘，期間在臺灣推行多項政務，開晚清積極治臺之先局。沈葆楨妻林普晴，為清朝名臣林則徐三女。

沈葆楨廩生出身，道光十九年（一八三九年）中舉人，道光廿七年（一八四七年）中進士，開啟個人仕途。咸豐六年（一八五六年）出任江西知府，曾隨曾國藩征討太平天國立下軍功。咸豐十一年（一八六一年）任江西巡撫，同治三年（一八六四年）清軍攻破太平天國，殘部往江西突圍，被沈葆楨部擒獲，經朝廷奏准後將幼天王洪天貴福等凌遲處決，沈親自監刑。

同治六年（一八六七年）沈葆楨調往福建福州，出任總理船政大臣，監造西式船艦供軍用，開辦船政學堂育人才，推進晚清現代化船政事業發展。

同治十三年（一八七四年）牡丹社事件爆發，清廷任命沈葆楨為欽差大臣，前來臺灣同日方交涉處理事件。

沈葆楨抵達臺灣之後開展多項措施，首先整頓軍事，除增派駐防兵力外，於臺灣多處地方修建新式砲台，包括著名安平大砲台（億載金城）、旗後砲台。同時增修新城牆，以恆春縣城最具代表；其次調整行政區劃，於臺灣北部增設臺北府，下轄新設新竹縣、基隆廳，將原淡水廳升格淡水縣，噶瑪蘭廳升格宜蘭縣，共三縣一廳。原臺灣府下增設恆春縣、埔里廳、卑南廳，共五縣三廳。新增行政區大幅提升原本統治管理；其三全面廢止渡臺禁令，促進大陸與臺灣的人流往來；其四平反鄭成功，視其為明朝遺臣，於府城臺南建祠祭祀，表彰忠義，此舉具安撫民心作用；其五為開山撫番，對臺灣山地及原住民族管治轉為積極，包括從北中南共修建三條橫越中央山脈道路（北路為蘇花古道、中路為八通關古道、南路為崑崙坳古道），提升臺灣東西部往來交通，並加強對原住民族的招撫及征伐。

沈葆楨前後在臺一年多，各項推行的措施，不僅加速臺灣全面發展，也為後來的臺灣建省奠定基礎。

光緒元年（一八七五年）隨北京專約簽訂，牡丹社事件落幕。任務結束的沈葆楨返回大陸，出任兩江總督兼南洋通商大臣，督辦南洋水師。光緒五年（一八七九年）沈葆楨在江寧（今南京）逝於任內，追贈太子少保銜，安葬於家鄉福州。

牡丹社事件為臺灣近代史上重大轉捩點，沈葆楨以欽差身分來臺，把握時機推行新政，轉變清廷統治臺灣的態度，引導臺灣朝向現代化方向發展，在臺灣歷史上具舉足輕重的地位，可說具有關鍵性影響的人物。

世賢路—許世賢
文：Vicky
P

位於嘉義市西側的外環道路，名為世賢路，共有四段。道名是紀念一位備受當地人尊敬的傳奇人物，人稱「嘉義媽祖婆」的前嘉義市長許世賢。

許世賢（一九零八年四月一日—一九八三年六月卅日），生於日本時代臺南州臺南廳（今臺南市），父親許煥章為清朝秀才。家世關係許世賢自幼便受良好教育，中學畢業於臺南州立第二高等女學校（今臺南女中），其後留學日本東京女子醫專（今東京女子醫科大學），一九三零年醫專畢業返臺，一九三三年與張深通醫師結婚，未幾夫妻共同前往九州帝國大學（今九州大學）深造，專攻婦產科。一九三九年獲得醫學博士學位，許世賢成為臺灣第一位女性博士及女性醫學博士。

一九四零年許世賢回到臺灣，與丈夫在嘉義開設順天堂醫院行醫執業。一九四五年中華民國政府接收臺灣，許世賢先出任嘉義女中校長，成立婦女會任理事長，推動女性教育事業及公共事務參與。後投身政壇，一九四六年當選嘉義市參議員及候補制憲國大代表。

一九五四年許世賢當選臺灣省臨時省議會議員（後改制為臺灣省議會），頭先許世賢以國民黨籍參選，後因理念不合而退黨。擔任省議員期間，許世賢問政監督省政府廣受好評，成為當時臺灣政壇黨外陣營的指標人物之一，與郭國基、吳三連、李萬居、郭雨新、李源棧並稱「五龍一鳳」，也曾於一九六零年參與雷震的組黨活動，惟雷震被捕之後活動宣告中止。

擔任多年省議員之後，許世賢於一九六八年參選縣轄嘉義市長，成功擊敗國民黨提名的塗德錡當選，成為臺灣史上第一位女性地方首長。早在一九五一年許世賢曾參選嘉義縣長落敗，經歷多年政壇歷練，終在地方首長選舉有所斬獲。嘉義市長任內，許世賢推動多項建設，最著名為拓寬市區中山路並進行電纜地下化，以及修建嘉義市地標七彩噴水池，噴水池至今已成為嘉義市政壇精神象徵。

一九七二年許世賢參選增額立法委員，以十九萬的第一高票當選，進軍中央。一九七五年增額立委選舉，時執政的國民黨深知許世賢的民意聲望，不敢足額提名禮讓席次，許世賢順利高票連任。

一九八二年嘉義市長選舉，許世賢以七十四歲高齡回鍋再戰，獲近八成選票的壓倒性勝利當選，就職未幾嘉義市升格省轄市，許世賢成為臺灣第一位女性省轄市長。許世賢雖年事已高仍勤於市政，隔年因肝癌逝世於臺北中華開放醫院，享年七十五歲。

許世賢早年習醫，在地方上行醫濟世，慈悲為懷獲得廣大民眾肯定。後轉投身政壇，為民發聲，爭取建設謀福利，為地方上津津樂道，當地人尊稱為「嘉義媽祖婆」。

許世賢更因一介女性身分，當年勇於挑戰世道，打破諸多藩籬，不但成為臺灣第一位女性醫學博士，更屢創臺灣地方自治史之紀錄，被視為臺灣女性投身公共事務之先驅典範。

馬亨亨大道—馬亨亨
文：Vicky
P

民國八十九年（二零零零年）臺東縣政府將臺東市特二號道路，命名為馬亨亨大道，以示紀念。馬亨亨何人也？縣政府為何會特別紀念他，原來他是臺東歷史上，一位傳奇的原住民部落大頭目。

馬亨亨（一八五二年－一九一一年），臺灣原住民阿美族人，原名Kolas Mahengheng，部分漢人根據其名Kolas，音譯為「骨力」（閩南語發音kut lat）。馬亨亨之名來自阿美族語，意為「轟轟作響」，因本人說話聲音宏亮，鼻音共鳴強烈，故得此名。

馬亨亨生於那拉助瀾（Nalaculan，位於今臺東縣鯉魚山東南麓），父親是當地「卡基達安」（阿美語頭目），馬亨亨不擅言辭，然勤於任事。同治七年（一八六八年），族人於馬當（Matang，位於今臺東市豐谷里）開墾而與卑南族呂家望社（Likavung/Rikavon，今利嘉部落）交惡，雙方爆發多次衝突，期間馬亨亨多次英勇擊退來犯，樹立部落中聲望地位。光緒元年（一八七五年）馬蘭社（今馬蘭部落）建立，馬亨亨被推舉為頭目，率領部落族人拓展農耕、興修水利、建築防禦，並積極同其他周邊部落維持友好關係。

馬亨亨頭目生涯中，不斷致力於各族間和平共榮，留下諸多事蹟。

光緒三年（一八七七年），里漏（Lidaw，位於今吉安鄉東昌村）與太魯閣族發生仇殺事件，馬亨亨前往協調斡旋，促成雙方在達給黎（Takidis，今德其里部落）達成互不侵犯約定。光緒九年（一八八三年），馬亨亨主導舉辦「班鳩」（Takatay，位於今卑南鄉美農村）會議，化解各族間紛爭，約定和平互助。光緒十四年（一八八八年）花東爆發大庄事件，原住民與漢人聯合起事，馬亨亨從中斡旋，說服民眾停止抗爭，受到清廷重視嘉獎。

光緒廿一年（一八九五年）中日簽訂馬關條約，臺灣割讓日本。隨日軍登臺開展統治之後，馬亨亨與日軍談判，獲得日方承諾互不侵犯，出兵協助日方追擊花東殘餘清兵，獲得日方慰勞嘉獎。一八九七年，馬亨亨與日本人達成協議，日方給予其頭目津貼，允許部落保有武裝，換取部落支持日本人對臺統治，同時協助日本人在部落設立國語傳習所馬蘭分教場（今臺東縣立新生國民小學）以表達效忠。

一九零零年，馬亨亨陪同日本官員一齊視察花東縱谷各部落，受到盛大歡迎，期間繼續磋合太巴塱社與馬太鞍社相互和解，並勸說各部落與日本當局和平相處。

一九零八年發生七腳川事件，馬亨亨再次出面調停，降低衝突損傷，並促成日本政府從輕發落相關人事。一九一一年麻荖漏（Madawdaw）事件爆發，日本政府再次委請馬亨亨出門協調勸說，馬亨亨積極奔走發揮成效，然本人因此積勞成疾，與世長辭。

馬亨亨的一生，以追求各族間和平共榮為己志，積極避免部落與官府間的衝突並減少壓迫，不但確保族人生存不輟，亦得到其他部落跟不同時期官方的敬重肯定，在臺灣東部的歷史上留下燦爛的一頁。

明燈路——劉明燈
文：Vicky
P

明燈路橫貫新北市瑞芳區，經過火車站前，為瑞芳市區重要幹道。明燈路之路名由來，係紀念一位清代著名的臺灣總兵——劉明燈。

劉明燈（一八三八年—一八九五年），字照遠，號簡青。清朝湖南省大庸（今張家界永定）土家族人。劉明燈咸豐七年（一八五七年）中武舉，咸豐十一年（一八六一年）在家鄉組織鄉勇三千人，加入左宗棠的湘軍楚勇部，成為湘軍將領，因為作戰表現英勇受到左宗棠賞識。

同治五年（一八六六年），劉明燈得左宗棠舉薦，出任臺灣總兵，率湘軍部眾駐守臺灣。同治七年（一八六八年）劉明燈離任返鄉練兵，同治九年（一八七零年）隨左宗棠出征西北回部，官至甘南提督，光緒四年（一八七八年）以丁憂為故，解甲歸田服喪。返鄉故里之後，劉明燈熱心地方事務，常有公益之舉，修橋、鋪路、興學、設義渡等，光緒廿一年（一八九五年）逝世。

劉明燈出任臺灣總兵，期間大於兩年，雖時間不算太長，但其總兵任內經歷諸多重大事件，個人在臺灣亦留下不少事蹟。

同治六年（一八六七年），劉明燈上任總兵未幾，即發生羅發號（又稱羅妹號）事件，美國船員遭臺灣原住民殺害，引發外交糾紛衝突。清廷初始態度消極，美方憤而自行出兵臺灣，清廷眼見事態嚴重，派劉明燈等官員率兵駐守恆春半島坐鎮，協助同美方交涉，最後事件和平落幕。

隔年同治七年（一八六八年），英人又以樟腦貿易糾紛及教案為由，出兵臺灣，砲擊安平並攻佔之，劉明燈率兵眾前赴支援，準備與之交戰，唯最後清廷以和談處理，簽訂條約賠償英人及放棄樟腦專賣做為解決。

個人事蹟部分，劉明燈雖習武出身，但自身允文允武，尤以書法造詣為人稱道。劉明燈曾在臺灣多處手書立碑，其中新北市淡蘭古道上的雄鎮蠻煙碑、虎字碑、金字碑以及屏東縣車城福安宮的「劉明燈統帥過福安村題名碑」至今仍可見，亦最為出名。

淡蘭古道係清代臺北通往宜蘭的公路系統，分為北中南三路，其中北路又稱官道，為官方公文書信，官員兵馬往來通行之要道。劉明燈於同治六年冬行經此地視察，見沿途煙霧繚繞，雜草蔓生，影響過往商旅，遂手書雄鎮蠻煙碑及虎字碑立於古道要處，一為鎮煞一為安定民心。另又題詩作金字碑，表達一己視察道路沿途之心境感受。

劉明燈統帥過福安村題名碑，則是劉明燈南下恆春半島，處理羅發號事件結束後，路經福德廟（今福安宮），手書立碑記述這次事件，此碑又稱「劉提督碑」，現鑲於福安宮牆上展示以茲紀念。

劉明燈駐臺任內，接連發生重大涉外糾紛衝突事件，雖有心一展作為，然受制環境條件，終究難有成就。做為一介武官，卻以書法題詩立碑而留名臺灣，其碑文題字，既作為個人心境體現亦紀錄當下歷史，雖其功名不及之後沈葆楨、丁日昌或劉銘傳，但無損其在臺灣歷史上見證角色地位。

爽文路—林爽文
文：Vicky
P

爽文路位於臺中市大里區，並非在地特別起眼要道，但這路名稱的由來，是來自一位臺灣歷史上重大的民變領袖——林爽文。

林爽文（一七五六年—一七八八年），清朝福建省臺灣府彰化縣大里杙（今臺中市大里區）人，原籍福建省漳州府平和縣。林爽文生於福建漳州，乾隆三十八年（一七三三年）隨父親渡海來台，之後於大里杙一帶落腳定居，以開墾土地經營農業維生。由於林家經營有道，逐漸在當地成為一方豪強，時臺灣治安不佳，常有械鬥衝突，林爽文家族亦組織鄉勇，建立私人武裝力量以自保家園。

乾隆四十九年（一七八四年）林爽文加入天地會，因家族在地方上的影響力，林不久成為了臺灣天地會北路的領導人。在林爽文領導下的天地會勢力不斷壯大，引起清廷注意。乾隆五十一年（一七八六年）臺灣府知府孫景燧開始大力取締各地天地會成員，天地會與官府衝突不斷升高，許多成員紛紛逃至大里杙，不斷勸說林爽文發兵起事對抗清廷。

乾隆五十一年十一月十六日，林爽文在大墩（今臺中市大墩）號召起事，率兵攻打彰化縣城，未幾攻破縣城，殺知府孫景燧及其他官員多人，進駐彰化縣城。清廷聞訊後，隨即調度各路兵馬，前往彰化征討林爽文，並派兵駐守沿海口岸，封鎖對外要道嚴防串連流竄。

林爽文起事不久，臺灣各地天地會成員紛紛響應，不過一個月已經攻佔臺灣多數地方，僅少數地方清廷死守。林爽文被起事者推為「盟主大元帥」，建年號「順天」。

林爽文起事經歷一年餘，期間與清軍多次交戰，清軍皆無斬獲。然隨林爽文起事群眾中以漳州裔居多，起事過程中與泉州裔、客家人多有矛盾衝突，清廷展開多方拉攏，藉臺灣民間力量對抗林爽文勢力。

乾隆五十二年十一月（一七八七年），清廷派陝甘總督大學士福康安及參贊大臣海蘭察，率大軍渡海來臺征討，雙方多次交戰，林爽文部眾不敵敗走，清軍一路追擊殘部，兩個月後林爽文於老衢崎頂（今苗栗縣竹南鎮崎頂）為清廷活捉，隨後清廷將林爽文押解至北京，以凌遲之刑處死，家族受連坐處分，原籍祖墳被刨挖，起事最終以失敗告終。

林爽文事件為清代臺灣三大民變之一，歷時一年餘，範圍涵蓋全臺西部，牽連各族群捲入。林爽文的起事，反應當時清廷對臺灣統治的消極弊病，亦突顯臺灣民間基層幫會及族裔結社勢力之發達。

事件之後，清廷加強對臺統治及安撫，包括客家、泉州裔、原住民皆受朝廷表彰嘉獎，逐漸形成臺灣特有的「義民信仰」。事件期間，臺灣多座城池因防禦工事不足，致輕易為民變攻佔，事後包括臺灣府城（今臺南市）在內多座城池皆進行翻修築牆。其中諸羅縣城因軍民死守未陷，乾隆皇帝賜名「嘉義」，取「嘉」獎「義」舉之意。

平定林爽文事件亦被乾隆列為「十全武功」之一，並於今日臺南赤崁樓前立贔屭（音ㄅㄧˋㄒㄧˋ）碑，記述事件始末。

林爽文個人生平事蹟紀錄有限，但其率眾發起民變，影響臺灣歷史深遠，事蹟仍為不少臺灣民眾所傳頌和紀念，可謂傳奇。

三連路—吳三連
文：Vicky
P

三連路從臺南市學甲區市中心向北出發，沿著臺一七一號縣道往北門區而去，可謂學甲區的幹道之一。這條路的名字，是紀念一位本地出生，在臺灣各界都有舉足輕重地位的重要人物——吳三連。

吳三連（一八九九年十一月十五日－一九八八年十二月廿九日），日本時代出生於學甲堡（今臺南市學甲區）一個貧困家庭，父親以木工維生。吳三連幼年曾在教堂讀書班學習羅馬拼音讀聖經，也在私塾接受傳統漢學，後在父親友人建議下，一九一一年進入學甲公學校（今學甲國小）就讀，一九一五年畢業，進入臺北國語學校，一九一九年自國語學校國語科畢業。

一九一九年吳三連考取獎學金赴日，入讀東京商科大學（今一橋大學）預科班。留日期間吳三連開始接觸臺灣人的抗日運動，參與留學生組織的團體，曾在日本官員面前批評日本對臺高壓統治。期間吳三連亦積極參與林獻堂倡議的臺灣議會設置請願運動。

一九二五年吳三連自東京商科大學畢業，出任大阪每日新聞記者，一九二七年與臺南人李菱結婚。一九三二年臺灣新民報在臺創刊，吳三連受邀返臺出任編輯兼評論，隔年再赴日任報社東京支局局長。任職期間，吳三連積極批評時政，引入國際時事並與抗日活動聯繫，成為日本當局眼中釘。一九四零年受日方壓力報館關閉，吳三連轉進大陸發展，先到北京，再舉家搬至天津。

一九四五年抗戰勝利，吳三連與洪炎秋合組「平津臺灣同鄉會聯盟」，前後協助當地三千多位臺灣人返鄉。一九四七年二二八事件爆發，吳三連發表《為二二八大慘案告全國同胞書》，為臺灣民眾出聲。

事件之後，吳返臺投身參與選舉，年底在家鄉臺南高票當選第一屆國大代表。隔年赴南京出席國民大會，參與正副總統選舉。

一九五零年二月，吳三連獲政府官派臺北市長，同年底辭職參選第一屆民選臺北市長當選。一九五四年臺北市長任滿，返鄉臺南參選第二屆臨時省議會議員，亦高票當選。省議會期間，吳三連秉持監督政府、為民發聲，與李萬居、郭國基、郭雨新、李源棧、許世賢合稱「五龍一鳳」。一九五七年連任省議員，辭去國大代表專心議會問政。一九六零年與雷震等人士合作籌組新政黨，但因政府施壓而胎死腹中，同年放棄省議員連任，之後淡出選舉。一九七六年受聘為總統府國策顧問。

返臺後吳三連除從政，亦積極投身社會事業。教育方面，先後參與延平中學、天仁工商、南臺工專（今南臺科技大學）等學校創建並出任董事長。企業方面，吳三連曾任多家公司行號董事職務，參與投資創設臺南紡織、環球水泥、泰安產物保險、中和紡織、大臺北瓦斯、國賓飯店、林口球場等多間事業，並先後擔任董事長，推動臺灣各領域的產業發展。文化方面，吳三連參與自立晚報的重組發行，又兼任多間報業董事，為戒嚴時期臺灣媒體保留不同聲音。一九七八年成立吳三連基金會，創設吳三連文藝獎，獎勵臺灣本土藝文創作發展。

一九八八年十二月廿九日，吳三連因心臟衰竭逝世於臺大醫院，閏壽九十。身後安葬於故鄉學甲。

吳三連早年留學日本，以文化人角色為臺灣人發聲，其後投身政壇為民謀福，投資工商發達民生，創辦教育栽培人才，經營媒體獎勵藝文，可謂全方位發揮影響力貢獻國家社會，在臺灣歷史上有不可抹滅的地位。

朝琴路——黃朝琴
文：Vicky
P

朝琴路行經臺南市鹽水區市區，屬鹽水當地主要幹道之一，路名之由來係紀念一位本地出生，在臺灣歷史上曾扮演重要角色的前臺灣省議長黃朝琴。

黃朝琴（一八九七年十月廿五日—一九七二年七月五日），字蘭亭，筆名超今、念臺。生於日本時代鹽水港（今臺南市鹽水區）一個殷實人家，祖父黃錦興在當地經營製糖發跡。

一九一四年黃朝琴畢業於鹽水港公學校（今鹽水國小），後因為繼承家業而輟學。繼承事業之後，黃朝琴深感學歷不足，又見日本統治臺灣欺壓臺人，興起深造念頭。一九一七年赴日讀書，先進入日本中學校就讀，一九二零年考入早稻田大學經濟科。一九二三年早稻田畢業後，前往美國伊利諾大學就讀研究所，一九二六年獲政治學碩士學位。

黃朝琴留日期間，即積極參與社會運動，曾與其他臺灣留學生籌辦臺灣民報，發表《漢文改革論》鼓吹白話文推行，啟迪民智。與當時中國駐日使館往來交流，宣傳抗日。

一九二五年黃朝琴留美期間，加入中國國民黨。一九二七年前往上海，隔年進入國民政府外交部工作，歷任科員、科長、特派員、秘書等職務，一九三一年正式放棄日本國籍。一九三五年派駐舊金山總領事，期間發生「廣源輪案」，黃朝琴發揮長才，幫助政府打贏官司。一九三九年派駐加爾各答總領事。一九四二年返國，任職外交部情報司兼中央政治學校（今國立政治大學）教授，協助政府籌劃接收臺灣事宜。

一九四五年抗戰勝利，黃朝琴為外交部駐臺北特派員兼臺北市第一任市長。隔年辭去市長職及外交部工作，投身臺灣省參議會選舉，獲高票當選，隨後在政府支持下，被推選為參議會議長。黃朝琴的議長生涯長達十七年，橫跨省參議會、臨時省議會、臺灣省議會三個時期，確立省議會議事運作，為臺灣地方自治落實發揮重大影響。

從政以外，黃朝琴亦積極參與工商活動，政府接收臺灣後，將原先臺灣商工銀行收歸省政府，先更名臺灣工商銀行再改名臺灣第一商業銀行，黃朝琴被委派董事長一職，負責臺灣金融業發展。董事長期間，積極拓展業務，奠定第一銀行在臺灣地位。卸任議長之後，又投身經營旅館業，於臺北市創建國賓大飯店，擔任首任董事長，為臺灣第一間民營五星級旅館。

黃朝琴早年旅外，遊歷世界各地，對各國建築風格潮流頗有心得，返臺後積極引入當代建築工法樣式，舉凡一銀分行大樓、鹽水市街改建、國賓飯店及省議會大樓興建，黃朝琴皆參與主持設計，被喻為「無牌的建築師」。

黃朝琴離鄉多年，始終心繫故鄉，返臺後大力回饋鄉里。爭取鹽水市區街道改建，協助居民改建樓房，在鹽水開設一銀分行，繁榮當地工商。又創設黃朝琴獎學金，勉勵嘉南地區清寒學子向學上進。

一九七二年七月五日，黃朝琴因肝癌病逝，享壽七十六歲，身後安葬臺南後壁的黃氏墓園（孝思園）。

黃朝琴年少有志，遠赴重洋深造，從外爭主權外交官到落實地方自治的省議長，成為政府與人民社會的中間人，一生貢獻心力，值得記憶。

吳沙路—吳沙
文：Vicky
P

臺九線公路縱貫蘭陽平原，是當地主要幹道之一，由北向南往宜蘭市區的路段，現稱為中山路。然而在道路整編之前，中山路五段曾叫做吳沙路，路名是紀念有「開蘭第一人」之稱的吳沙。

吳沙（一七三一年－一七九八年），清福建漳州府漳浦縣人。父祖皆為地方醫生，吳沙自幼即隨家人習醫，通曉醫術。

乾隆三十八年（一七七三年）吳沙攜家渡海來台，先於淡水上岸，後移居三貂嶺，與當地原住民族從事貿易活動維生。期間吳沙經商有道，在漢人跟原住民族間都累積一定聲望，為日後拓墾奠定基礎。乾隆四十八年（一七八三年）吳沙以吳春郁名義合法取得三貂嶺附近的墾照，開始招募墾民發展勢力。

乾隆五十二年（一七八七年），吳沙自組墾號，率眾百人翻越三貂嶺進入蘭陽平原北部拓墾，並避免同原住民發生衝突，兩者相安無事。

乾隆五十二年，臺灣中部爆發林爽文事件，本島西部皆受波及，同年底清廷調派大軍前來作戰，起事民兵一路敗退向北部轉進，清廷向地方召集鄉勇合作，吳沙受官府徵召，率眾協助追擊林爽文殘部立功，獲清廷嘉獎，封「武信郎」。

嘉慶元年（一七九六年），吳沙再次率眾千人進入蘭陽平原，往烏石港以南進行武裝拓墾，由於拓墾規模太大，與當地原住民發生衝突，雙邊多次械鬥交戰，損失慘重，吳沙勢力暫時北退。後吳沙聽從建議，改採利誘勸說策略，避免直接武裝衝突。

嘉慶二年（一七九七年）適逢蘭陽平原爆發天花疫情，習醫出身的吳沙主動協助醫治贈送醫藥，救活不少人命，以此換取當地原住民信任。其後，原住民主動提供土地，吳沙再重新集結人力，以軍事編制模式向南推進，成功開拓頭圍（今頭城鎮）、二圍、三圍等據點，最終到達五圍（今宜蘭市）漢人正式插旗入主蘭陽平原。

吳沙拓墾蘭陽平原之初未獲官府許可，為避免私墾獲罪，於嘉慶二年親赴淡水廳請求官府許可，同知何茹連批准，封吳沙為「吳春義郁首」，相關拓墾工作頗聽其便。吳沙得官府許可後，遂大力招募人丁，由於吳沙長年在地方累積聲譽，獲許多人協力資助，加上吳沙經商有道，拓墾事業不斷壯大。

嘉慶三年（一七九八年）十二月，吳沙在率眾拓墾出三圍後積勞成疾逝世，享年六十八歲。身後依其遺願，安葬於三貂嶺澳底（今新北市貢寮區澳底）。

吳沙率眾拓墾蘭陽平原，漢人及官方多以正面評價看待，讚譽「開蘭始祖」、「開蘭第一人」。以原住民立場，吳沙挾武力進入蘭陽平原並建立據點，將漢人勢力引入當地，壓縮剝奪本地原住民生存空間，造成噶瑪蘭人向南遷徙，部分者因此南遷至花東地區。

然無論如何，吳沙以民間武裝勢力方式開發蘭陽平原，其組織以漳州人為主，同時廣納泉州、客家等各族裔參與，族群合作拓墾可謂壯舉，今日蘭陽平原居民，仍不少是當年隨吳沙入蘭的後人。在臺灣開發史上，吳沙都留下非常重要的一頁。

嵐峰路——陳嵐峰
文：Vicky
P

嵐峰路位於宜蘭市區南側，東連縣民大道，西接北橫公路，為宜蘭市重要的外圍道路。此路名稱由來，係紀念一位在地出身的傳奇人物——陳嵐峰。

陳嵐峰（一八九七年—一九六九年六月十九日），原名岸浦，號南光。生於日本時代的臺灣宜蘭擺厘陳家，擺厘陳家係宜蘭地方望族，歷來人才輩出，當地有「無陳不開科」之說。

陳嵐峰自幼受家學薰陶，對日本統治臺灣壓迫有所不滿，萌生離臺深造念頭。於是陳嵐峰前往中國大陸，先進入上海暨南大學附屬中學就讀，畢業後考入暨南大學政治經濟系。就學期間，見國家內憂外患，深感軍事之重要性，遂投筆從戎，暨南大學畢業後前往日本，入日本陸軍士官學校第十七期學習。

一九二六年陳嵐峰由日本返回中國投身國民革命，於廣州黃埔軍校出任教官，而後隨國民革命軍參與北伐，出任東路軍指揮部參謀，隨何應欽部作戰。

一九二八年起歷任中央陸軍官校大隊長、中央軍官訓練團連長、陸軍第四九師補充團團長、陸軍第八九師補充旅旅長、豫鄂皖邊區游擊總指揮部參謀長、陸軍新編第一師副師長、第十一游擊縱隊司令、陸軍新編第五師師長等多項軍職，經歷剿共抗日等數十起戰役，最終官拜陸軍中將，為宜蘭出身將軍第一人。

抗戰勝利，陳嵐峰奉命前往徐州參與接收工作，隨後軍事整編，調任國防部少將部員，一九四七年臺灣爆發二二八事件，陳嵐峰曾隨國防部長白崇禧來臺，協助進行調查善後。同年底行憲，辦理第一屆監察委員選舉，軍方背景的陳嵐峰受政府鼓勵安排下投身參選，後順利當選監察委員，並出任監察院閩台行署委員。

隨後由於政治情勢變化，中央政府遷臺，陳嵐峰的監察委員任期被凍結不再改選，於是陳一直擔任監察委員直至過世。政府遷臺後，陳嵐峰曾出任中國國民黨臺灣省黨部委員、國民黨中央評議委員、台灣農林公司董事長、台灣航業公司監事等職務。

一九六九年六月十九日病逝臺北中心診所，享年七十二歲。身後葬於陽明山第一公墓。

陳嵐峰早年遠赴他鄉學習深造，晚年回歸故里，關注家族家鄉事務，皆留下若干事蹟。

二二八事件爆發時，國軍四處清鄉捉人，一時之間風聲鶴唳，許多不相關人士遭逮捕，陳嵐峰通過自己人脈關係，營救多位宜蘭本地人士脫困，避免更多無辜受害。

一九四七年秋，蘭陽平原發水災損失慘重，時宜蘭屬臺北縣轄，影響地方建設及救援工作，設縣倡議再起。隔年地方人士設立「新蘭陽建設促進委員會」，陳嵐峰出任顧問，協助地方推行建縣工作，一九五零年臺灣行政區劃調整，復設宜蘭縣至今。

二戰期間，擺厘陳家古厝鑑湖堂遭到嚴重破壞。戰後回歸故里的陳嵐峰帶頭集資，重修陳家鑑湖堂，做為祭祀家廟使用，維繫聯絡地方宗族情感。

陳嵐峰出身地方望族，因緣際會投身見證大時代的歷史波動，棄文從武投身軍旅，屢建戰功官拜中將，後又位居中央大員，貢獻個人心力。對其個人家族，乃至地方國家，都留下值得記述的一頁。

華宗路—陳華宗
文：Vicky
P

華宗路縱貫臺南學甲市區南部，屬省道臺十九線一部分，為當地重要幹道，路名由來是紀念學甲出身的前省議員、前臺南縣議長——陳華宗。

陳華宗（一九零三年三月十日－一九六八年十一月十日），生於日本時代臺南學甲中洲大戶人家。一九一七年，年僅十四歲的陳華宗赴日求學，先就讀豐山中學，畢業後入立正大學史學科修習。大學畢業後陳華宗留在日本，曾擔任大學史學研究室副手、神奈川縣高等女學校教師等職，一九三二年返回臺灣。

一九三四年一月，陳華宗出任中洲信用組合理事，同年十月被任命為學甲庄協議會員。一九三五年五月陳華宗出任學甲庄庄長，任職期間，陳華宗力排眾議，推行都市計畫，將學甲進行市區改正，大幅改善學甲交通、公共設施及衛生狀況，奠定當地現代化之基礎，學甲更創下臺灣地方都市計畫建設之先例。屆滿離任後，陳華宗一度擔任長榮中學歷史教師。

一九四一年陳華宗復出，擔任公共埤塘嘉南大圳水利組合會議員。一九四五年，二戰結束日本投降，陳華宗擔任嘉南農田水利會接收委員，其後歷任經理、課長等職，一九五零年當選水利會副主委，一九五九年當選嘉南農田水利會會長。任職期間，陳華宗勤力作為，推動興建白河水庫及規劃曾文水庫，廣建灌溉渠道，開挖雲林地區地下水井，促進水利事業發展。期間因負責八七水災的災後重建工作，獲頒七等景星勳章。

除水利事業工作外，戰後陳華宗亦重新投身政壇，一九四六年當選臺南縣參議會議員，並獲推選為議長。一九四七年二二八事件爆發，陳華宗擔任事件處理委員會臺南縣分會主委協助善後工作，被指控內亂罪遭到逮捕，關押臺北看守所。一度被判處死刑，最後無罪釋放。

回復原職的陳華宗繼續擔任議長職務，一九五一年二月，配合地方自治改制，臺南縣參議會改組臺南縣議會，陳華宗當選首屆議員並擔任議長，其後又連任二、三、四屆議長，直到一九五九年因出任水利會會長辭職，前後擔任議長十三年多，與同期活躍政壇的吳三連、高文瑞等人並稱，共同成為臺南縣的「海派」始祖。

一九六三年，陳華宗轉戰省議會，高票當選第三屆臺灣省議員，四年後成功連任。省議員任內，陳華宗著力關注地方事務跟教育領域議題，尤以爭取將臺南北門蘆竹溝港建設為國際商港最出名。

一九六八年十一月十日早晨，陳華宗於臺北市博愛路與貴陽街口遭遇車禍，送醫後不治身亡，享年六十五歲。

陳華宗出身地方望族，早年留日學習，返臺後投身地方事務，屢任公職，無論地方首長、水利會長乃至民意代表，皆為爭取家鄉地方建設發展盡心盡力，鞠躬盡瘁。其清廉正直親力親為的作風，尤為地方鄉親所津津樂道，謂之「華宗精神」。為緬懷紀念陳華宗貢獻，除華宗路外，學甲尚有華宗橋、華宗紀念公園，並豎立銅像。另有各界配合舉辦華宗盃排球賽，為臺灣重要排球賽事。在當地人心目中地位可見一斑。

純精路—陳純精
文：Vicky
P

純精路一共三段，環繞羅東鎮西側，屬羅東外環道路一部分，也是省道臺九線行經路段，為當地要道。純精路名稱由來，是紀念當地發展史上一位重要人物——陳純精。

陳純精（一八七八年十二月十六日－一九四四年二月十九日），名舜，字純精，號學山。原名游慶順，因過繼陳姓人家而改名，日本時代曾改日本姓名光谷純精。清光緒四年生於宜蘭縣本城堡（今宜蘭縣宜蘭市）。陳純精過繼陳家不久繼父即逝世，因此自幼隨母相依為命。光緒十二年（一八八六年）進入私塾省心齋接受教育，光緒廿一年（一八九五年）臺灣割日，隔年陳純精結束私塾教育，轉入日人開設之「宜蘭國語講習所」學習日語，一八九七年結業。

結業後陳純精隨即受日人委派，出任宜蘭地方法院通譯，開啟個人公職生涯。陳在宜蘭多處單位任職通譯，協助日人施政，一九零八年獲派出任羅東區街庄長，從事地方行政工作。一九一零年地方改制，陳任羅東區長，一九二零年市區改正，續任羅東街長兼臺北州協議會員，其後屢獲日本總督府續派，直至一九四一年三月卸任退休，總督府給予陳「榮譽街長」頭銜，繼續協助地方行政事務。

一九四四年二月十九日，陳純精因糖尿病併發腦溢血於自宅逝世，享年六十六歲。身後依日本習俗進行火化，安葬於廣興公墓（今冬山鄉第四公墓）。

陳純精自一九零八年起擔任羅東區街庄長，至羅東街長任內辭職，先後擔任羅東地方行政首長長達卅三年，橫跨大半個日本時代。做為當時為數不多的臺籍官員，陳純精對於羅東地方的建設，可謂盡心盡力、貢獻卓越。尤其以地方產業發展最為知名。

一九一零年代中期，日人相中宜蘭山區豐沛的林業資源，設立太平山林場，進行相關建設投資開發。在陳純精的倡議爭取並主動提供土地下，日人將太平山林場出張所（辦事處）及貯木池皆設於羅東，並修建森林鐵路連結羅東跟太平山。此舉使羅東成為當時臺灣重要的木材加工轉運的樞紐，同一時間，陳純精亦籌設自來水廠，爭取日本王子製紙（臺灣興業株式會社，中興紙廠前身）設置工廠，種種皆帶動促進羅東的發展，一躍成為地方工商業中心。

除了推動產業發展，諸如羅東街役場大樓（羅東鎮公所前身）、羅東農會舊大樓等建築設施皆於陳純精任內設立，完善羅東地區公共服務。

此外，陳純精有感於羅東缺乏金融機構投資周轉，於一九一六年召集地方仕紳成立羅東信用組合（今羅東鎮農會信用部），出任首屆組合長，期間積極推動地方各項產業投資，協助羅東各行業發展，並推廣現代金融觀念於民間。

陳純精主政羅東地方多年，一手促進當地發展，奠定今日羅東現代城鎮的基礎，可以說沒有陳純精就不會有今日之羅東，做為日本時代少數的臺籍官員，陳純精獲得日本殖民者極高之評價，多次獲得各級政府授勳表彰。羅東民間亦普遍感念陳氏貢獻，一九四九年於羅東中山公園設立「陳純精翁紀念碑」，其後多次整修，現有半身銅像及紀念碑於公園，供後人緬懷。

台灣路名的特色
文：老溫
P

台灣的路是怎樣取名的呢？有哪些邏輯？又有哪些特別的地方？首先就是以國父孫中山為名的中山路最多了，在都市裡可能只是條小路，但在鄉下，很多地方都是中山路最大條、最直、最熱鬧。先總統蔣中正的中正路也是到處都有，但長度多半比較短，寬度也比較窄。先總統蔣經國的經國路則在桃園、新竹、大甲，先總統李登輝的草屯登輝路、哪天出現英九路、英文路恐怕也不會讓人意外吧！

台北的萬華即艋舺、大稻埕，在清朝的街名，許多都已經消失，但知名度還在，例如龍山寺街，寺還在，但路名已改，日治時期日本人以町為行政區，西門町應該是僅存的名字，但這是區域，不是路名。另外一個大城市高雄則有一個特別的邏輯，一心路、二聖路、三多路、四維路、五福路、六合路、七賢路、八德路、九如路、十全路。台中市則有跟大墩路交叉的大墩一街至大墩二十街，數字型的路名邏輯簡單，不容易迷路，相同的邏輯也套用在崇德路上，崇德一路到十路，不過數字加方向，有條路常常被取笑，那就是市政北七路，我想取名的官員一定不懂台語，因為北七念起來跟台語的《白癡》同音，真是讓人哭笑不得啊！

常見的還有忠孝、仁愛、信義、和平，三民主義的民族、民權、民生，路太長的話，還會分東西南北，如台北的忠孝東路跟西路，中山南路跟北路。靠近公園就有公園路，靠近學校乾脆就跟大學同名，如興大路、逢甲路、高工路（台中高工），靠近山邊有山腳路，靠近海有臨海路。連接兩個城市或鄉鎮的路，常常會各取其中一個字，如中清路就是台中到清水，彰鹿路就是彰化到鹿港，彰美路是彰化到和美，員鹿路就是員林到鹿港，這樣的邏輯在彰化縣非常多，簡單明瞭。

不過有些取法則是莫名其妙，例如台中的北平路、天津路、青島路、漢口路、太原路、重慶路、瀋陽路，表面上是用大都市為基礎，但沒有上海也沒有廣州，南京路則是早就用過了，還距離以上的道路很遠，這在台北同樣混亂，成都路、西安街、漢口街、昆明街、鄭州路、長春路、濟南路等，有的有，但有的沒有，用省分取名的也是，四川路、陝西路、遼寧路、河南路、山西路、安徽路、河北路、吉林路、青海路，卻找不到廣東路、浙江路、江西路。不過，台北還至少大概根據中華民國地圖來規劃，而這些路名早期在兩蔣時代是為了反攻大陸而取，現在沒了這包袱和想法，反而為反攻大陸這件事做了見證。

至於有一些地方，則有讓人噴飯的路名，如台中外埔大馬路、台東成功小馬路、鹿港摸乳巷、花蓮光復佛祖街、基隆堵南街、新竹演藝路、台南鹽水月津路、台中西屯同志巷、宜蘭礁溪踏踏路等，真的是什麼都有，什麼都不奇怪。

# 台灣路名

## 有古人也有今人

文：老溫

台灣的道路除了中山路、中正路、登輝路之外，還有許多使用名人姓名的道路，其中鄭成功的成功路最多，台北市，台中市、台南市、高雄市等地約有十餘處，再來就是國民黨前主席的林森路也不少，台北市、新竹市、台中市、台南市、高雄市都有。

而逢甲路可不是只有台中市逢甲大學前才有，台南、屏東、高雄都有。國道五號又稱為蔣渭水高速公路，宜蘭與台中大甲也有渭水路，台中大甲的蔣公路，指的並不是先總統蔣公，而是紀念鄭成功部下蔣毅庵，曾多次被民進黨立委要求改名，希望除去蔣中正的威權，不過都遭到強烈反對，因為此路真的不是紀念蔣中正，此說法是有憑有據的，因為蔣毅庵當年駐紮大甲，避免原住民出草，對大甲有很大的貢獻，難怪大甲人堅決反對改名。

再來盤點大學內或附近的道路，東華大學吳全路、東海大學曾約濃的約農路、吳德耀的德耀路，元智大學徐元智的元智路，文化大學孔子大道、老子大道、荀子大道、玄奘路、朱子路、曾子路，淡江大學驚聲路（張鳴，字驚聲）、于右任的又任路等。

其他的部分就由北而南來談好了，逸仙路（國父孫中山，字逸仙）、文天祥的天祥路、馬偕的馬偕街、吳鳳的吳鳳路、劉銘傳的銘傳街、田單的田單街、英士路（陳其美，字英士）、岳飛的岳王路、關公的武聖街、王長庚的長庚路、謝晉元的晉元路、黃百韜的百韜街、王生明的生明街、黃興街、高志航的志航街、蘇軾的東坡街、鄭崇和的崇和路、徐立鵬的立鵬路、姜秀巒的秀巒街。

中部則有戚繼光的繼光街、羅福星的福星路、劉永福的永福路、林爽文的爽文路、孔子的至聖路、董伯華的董公街、辭修路（陳誠，字辭修）、關公的雲長路、謝東閔的東閔路、陶朱路（范蠡）、神農氏的神農路、武訓路、孫立人的立人路、王安石的安石街。

南部有吳鳳南北路、曾老吸的老吸街、簡德卿的德卿街、陳永華的永華路、關公的武聖路、陳華宗的華宗路、邱永漢的永漢路、八田與一的八田路（少數保留日本人名的路，他設計了嘉南大圳及烏山頭水庫）、陸皓東的皓東路、宋教仁的教仁路、張自忠的自忠街、陶淵明的淵明街、柳宗元的宗元街、沈葆禎的葆禎路、班超路、管仲路、鄭和路、大禹街、堯舜街。東部有吳沙路、軒轅路、楊傳廣的傳廣路等等，遺漏的部分很多，礙於篇幅的問題，只能讓它們成為遺珠，無法一一列舉。這些人有很久以前的，也有近代的，有的是能人賢士，有的為國壯烈捐軀，也有的為地方貢獻良多，或是在某方面的成就很高等等，而那些拍馬屁的就沒列出來了，免得有人看了覺得礙眼。

# 路名近年不斷的更改

文：老溫

路名更改其實影響非常大，目前台灣因為想要去中國化，也想去兩蔣化，所以總統府前的介壽路率先被改成凱達格蘭大道，但那條路住戶不多，不太會影響一般民眾，因此過程還算順利，如果是中山路、中正路想改名，恐怕要花百億，付出的社會成本將難以計算，尤其是中山路代表的是國父孫中山，否定國父這種事，必將遭到重大反彈，所以沒人敢提。

改路名到底多麻煩呢？門牌、身分證、戶籍謄本、銀行資料、地價稅、房屋稅、機車駕照、行照、汽車駕照、行照、健保、勞保、保險、法院、水費、電費、瓦斯費、電話費、第四台、學校聯絡學生地址、公司行號、名片、網路上刊登廣告的地址、兵役資料等等全都要改，印好的地圖瞬間成為廢紙，搞得人仰馬翻，光是換身分證就可能花超過一年，而且非常擾民，民眾都需要上班，要改那麼多資料根本讓人抓狂。

## 路名近年不斷的更改

最糟的是萬一要辦同學會，有些人根本找不到，尤其是那些失散多年的朋友，只有舊地址，能找到人嗎？以我朋友的家為例，改了路名之後已經十六年，到現在還有信件是使用舊地址，大門上的門牌就是兩種都有，避免郵差、老朋友來訪找不到。

以台中市為例，中正路、中港路、中棲路在縣市合併之後，改為台灣大道，並分為十段，一段是靠近車站這邊，十段是台中港那頭，總長度 24.2 公里，2012 年改名至今十年，仍有許多人問路是問中正路、中港路怎麼走。像這樣的例子，台中還有進化路、進化北路、忠明路、忠明南路，是同一條路，卻不同路名，又如漢口路、東興路也是同一條，健行路、美村路、美村南路亦為同一條路，不過因為住戶眾多，要改名實在需要三思，因為六都中有台中、台南、高雄是縣市合併，類似狀況非常多。

早期因為沒有 Google 地圖，也沒有導航，因此一路多名常常讓外地民眾非常困擾，但現在不同了，只要輸入地址，就能確實知道相對位置，實在沒有必要執著於一條路需要相同的名字，尤其在都市之內，幾乎都可以準確定位在五十公尺以內，大目標基本上都是百分之百準確，因此改路名沒有迫切性，除非是都市重劃，那些被拆除的建築物、巷道，因為已經消失，所以重新命名還有道理，否則硬要將已經使用多年的路名更改，只會增加人民的困擾，浪費行政資源。

國家圖書館出版品預行編目資料

台灣路名談名人／Xavier、Vicky、老溫　合著<br>—初版—<br>臺中市：天空數位圖書　2022.11<br>面：14.8*21 公分<br>ISBN：978-626-7161-54-8（平裝）<br>781　　　　　　　　　　　　111019974

書　　名：台灣路名談名人
發 行 人：蔡輝振
出 版 者：天空數位圖書有限公司
作　　者：Xavier、Vicky、老溫
編　　審：品焞有限公司
製作公司：賢明有限公司
美工設計：設計組
版面編輯：採編組
出版日期：2022 年 11 月（初版）
銀行名稱：合作金庫銀行南台中分行
銀行帳戶：天空數位圖書有限公司
銀行帳號：006—1070717811498
郵政帳戶：天空數位圖書有限公司
劃撥帳號：22670142
定　　價：新台幣 340 元整
電子書發明專利第　I　306564　號
※如有缺頁、破損等請寄回更換





TEL　：(04)22623893
FAX　：(04)22623863　　MOB：0900602919
E-mail：familysky@familysky.com.tw
Https　://www.familysky.com.tw/
地　址：台中市南區忠明南路 787 號 30 樓國王大樓
No.787-30, Zhongming S. Rd., South District, Taichung City 402, Taiwan (R.O.C.)